스트레스와 만성통증을 완화시키는

알아차림 요가

스트레스와 만성통증을 완화시키는

알아차림 요가

명상상담연구원

초판 1쇄 발행 | 2014년 2월 20일
지은이 | Kelly McGonigal
옮긴이 | 이영순 · 지홍원

펴낸이 | 김형록
책임교정 | 이영순

펴낸곳 | 명상상담연구원
주소 | 서울특별시 중구 신당동 동호로 17길 261 401, 정맥프린스빌 목우선원 명상상담연구원
전화 | (02) 2236-5306
홈페이지 | http://cafe.daum.net/medicoun
출판등록 | 제 211-90-28934호

가격 18,000원

ISBN 978-89-94906-19-5 94180
ISBN 978-89-94906-00-3(set)

©명상상담연구원 2014 Printed in Seoul, KOREA
잘못된 책은 바꾸어 드립니다.

Foreword
서문

요가는 통증 완화를 위해 알려진 것들 가운데 가장 강력한 종합 시스템이다.

왜냐하면 요가가 스트레스를 아주 효과적으로 다루기 때문이다. 통증을 참는 것은 몸의 스트레스 반응 시스템이 계속 "작동"하도록 만들 수 있다. 스트레스를 받을 때, 우리는 좀 더 빨리 그리고 불규칙하게 호흡하는 경향이 있다. 근육은 긴장하고, 기분은 바닥으로 떨어진다. 이 모든 것들이 통증을 더욱 악화시킨다.

의사들은 일반적으로 만성통증을 유발하고 악화시키는 스트레스의 역할을 과소평가하며, 종종 스트레스를 받고 있는 환자들에게 무슨 조언을 해주어야 하는지도 모른다. 요가는 스트레스 다루기를 중시할 뿐 아니라, 다루는 방법들을 가지고 있다. 거의 모든 사람들이 할 수 있는 단순한 호흡연습부터 시작하여 수많은 요가 수련들은 몸이 스트레스와 싸우거나 스트레스로부터 달아나는 반응 대신 이완반응을 보이도록 바꿔놓을 수 있다. 통증을 느낄 때, 우리는 요가의 도구들을 활용하여 몸과 마음을 이완상태로 돌려놓는 것 역시 가능하다.

통증과 고통의 차이를 이해하는 것 또한 통증완화에 대한 요가의 관점에서 중요하다. 통증은 육체적이거나 정서적인 아픔인데 반해 고통은 그 통증에 대해 우리의 마음이 반응하는 방식이다. 우리는 최악을 상상한다. 상태가 절대로 나아지지 않을까봐 걱정한다. 또한 인생이 끝났다고 판단한다. 이것이 고통이고, 고통은 때때로 만성통증에 기름을 붓는 것으로 끝난다.

통증의 경우와 마찬가지로 고통은 몸을 스트레스 상태에 빠뜨리고 연이어, 숙면을 방해하고 체중을 늘리며, 염증을 악화시키고 일반적으로 몸의 기본적인 컨디션을 떨어뜨린다. 대부분의 의사들은 의과대학에서 고통을 어떻게 다루어야 하는지 결코 배운 적이 없다. 그러나 고통의 경감은 수천 년 동안 요가의 핵심적인 목표 가운데 하나였다.

명심할 것은 요가가 강력하기는 하나 곧바로 결과를 내놓지 않는다는 사실이다. 하지만 시간이 지날수록 효과가 떨어지는 경향이 있는 통증 약물과는 달리, 규칙적인 실천만 한다면 날이 가고, 달이 가고, 심지어 해가 거듭할수록 요가의 효과는 점점 더 커진다. 착실하게 보다 긴 시간 동안 요가를 수련한다면, 몸과 신경체계에 나타나는 변화는 더욱 두드러질 것이고, 삶의 질은 높아질 것이다.

열린 마음으로 통증을 겪고 있는 모든 이들에게
이 책의 장점들과 이점들을 제공하며, 그들이 고통으로부터 자유로워지기를 기원한다.

그리고 비타민제, 한약재, 혹은 다른 보조제들과 같이 보완적이고 대안적인 의학으로 불리는 여러 치료법들과는 달리, 주의 깊게 선택한 요가수련은 당신의 다른 통증 치료법들과 부정적으로 충돌하지는 않는다.

사실, 다른 치료법들을 단독으로 실시하는 것보다 요가를 함께 시행할 때 보다 효과적이라는 증거들이 있다. 요가 전문가들이 자신들의 약이나 여러 처방전들을 빠뜨리곤 하는 것은 드문 일도 아니다. 게다가, 약물치료의 부작용들이 우리를 괴롭히는 것에 반해, 요가는 약물치료의 부작용들을 줄여주는 것으로 나타났다.

당신이 요가 프로그램을 주의깊게 선택해서 실행한다면 대부분 부작용에 대해 크게 염려하지 않아도 된다. 통증에 대한 도움뿐만 아니라, 요가는 당신을 더욱 행복하고 건강하며, 강하고 유연하게 그리고 이완 상태에서 삶을 좀 더 효율적으로 영위하도록 만들어준다.

만일 당신이 만성통증의 감소를 위해 요가를 찾아온다면 – 또는 요가 강사이거나, 건강관리 전문가이거나, 아니면 통증을 겪고 있는 사람의 친구나 가족이라면 – 켈리 맥고니걸 박사의 훌륭한 프로그램과 함께 할 수 있다. 켈리는 수년간 요가를 수련하고 가르쳐왔기에 요가에 정통하며, 그녀의 학문적 배경 덕분으로 요가에 대한 과학적 접근에도 능하다. 어느 한 가지 요가보다 서로 다른 요가의 방법들을 조합하는 것이 더욱 효과적이라는 것을 그녀는 안다. 그녀는 또한 어떤 요가의 방법이 그들에게 가장 잘 맞을지 알기 때문에 여러 가능한 선택을 제시한다.

'고통을 완화시키는 알아차림 요가'는 통증으로부터 빠져나와 보다 행복하고 충만한 삶으로 나아가고자 하는 여정을 위해 세련되게 집필하여 희망을 주는 명료한 안내서이다. 이 책이 당신을 도와 붓다의 길이 그런 것처럼, 당신이 고통과 고통의 원인으로부터 자유로워지기를 기원한다.

내과 전문의이자, 「요가 저널」의 의학 편집인이며
「의술로서의 요가: 건강과 치유를 위한 요가 처방」의 저자인
의학박사 티모시 맥콜(Timothy McCall)

Introduction

이 책은 만성통증의 육체적이고 정신적이며 정서적인 고통에서 벗어나기 위한 안내서이다. 이것은 몸-마음에 관한 최신 연구와 전통 요가의 지혜에 기반하고 있다. 이 책은 당신이 겪는 고통의 원인에 대한 새로운 사고방식과 그 고통을 소멸시키기 위한 실천적 전략들을 제공할 것이다. 당신은 과거의 부상, 질병, 그리고 기타 스트레스 생활 사건들이 당신의 몸과 마음에 어떠한 변화를 가져왔는지 배우게 될 것이다. 또한 이런 변화들이 어떻게 당신의 육체와 정서에 만성적인 통증과 고통을 불러일으켰는지 배울 것이다.

호흡, 이완, 동작, 그리고 명상을 포함하여 몸과 마음을 치유하는 요가의 도구들을 활용함으로써, 당신은 자신의 통증경험을 변화시킬 수 있을 것이다. 당신이 요가를 일상생활의 일부로 받아들인다면, 당신의 몸과 마음은 더욱 건강하고 편안하게 될 것이다.

이 책은 만성적이거나 재발하는 통증 때문에 고통 받는 사람들을 위한 것이다. 몇 가지 예를 들어보면 요통, 두통, 섬유근육통, 류머티스성 관절염, 만성피로 증후군, 손목골 증후군, 과민성 대장 증후군, 그리고 월경 전 증상들 등을 비롯해 모든 종류의 통증에 요가가 효과를 보이는 것으로 밝혀졌다.

당신은 자신의 통증을 세상에서 가장 고통스런 것으로 생각하지 않을 수도 있다. 아마 당신은 통증과 더불어 사는 법을 배워왔을 것이다. 그러나 만약 육체적 통증이 당신 삶의 일부로서 익숙한 존재라면, 이 책은 당신을 위한 것이다. 어떤 것이 됐든 당신이 지닌 통증을 줄일 수 있도록 도울 것이며, 당신에게 인생의 에너지와 열정을 돌려줄 것이다.

아니면 아마도 당신은 "내 통증이 세상에서 가장 고통스러워. 그리고 요가는 나와 같은 통증을 지닌 사람들에겐 적합하지 않아."라고 생각할 수도 있다. 그러나 이런 통증에는 요가가 유일한 방법일 수 있다는 자신감을 가져라. 만약 당신이 약물로 치료할 수 없는 심각한 만성통증을 지니고 살고 있다면, 당신에게는 또한 그것을 이겨낼 힘도 가지고 있다. 요가가 당신의 통증을 낫게 하지 못할지도 모르지만, 요가는 당신이 치료 이상의 것들을 할 수 있도록 도울 것이다. 통증이 완전히 사라지든 그렇지 않든, 요가는 몸과 마음에 대한 통제감과 안전감을 당신에게 되돌려줌으로써, 당신이 자신의 삶을 되찾도록 도울 수 있다.

이 책은 또한 만성통증을 겪고 있는 사람들을 이해하거나 돕고자 하는 사람들을 위한 것이다. 만일 당신의 사랑하는 사람이 만성통증을 갖고 있다면, 그 사람을 지원하기 위해 이 책에 실린 내용과 수련들을 활용할 수 있다. 요가 지도자들, 신체 치료자들, 심리학자들, 그리고 여타의 건강관리 전문가들은 자신들의 다양한 치료 기법들을 여기에 추가할 수 있다. 각각의 장들은 만성통증에 대한 단순한 해결책과 전략만이 아니라 그 본질에 관한 진정한 통찰을 공유한다. 이 책에 실린 개인적인 이야기들은 만성통증의 경험이 어떤 것인지에 대한 당신의 이해를 높일 것이고, 개개인의 구체적인 요구에 요가가 어떻게 부합할 수 있는지에 관해 알려줄 것이다.

이 책이 비록 만성통증의 신체적인 측면에 초점을 맞추고 있지만, 통증엔 육체적 아픔뿐 아니라 마음의 아픔도 포함된다. 곧 배우게 되겠지만, 이들 두 유형의 통증은 서로 무관한 경험이 아니다. 현대과학과 전통 요가 양쪽 모두 만성 요통과 같은 육체적인 통증과 우울증과 같은 정서적인 통증 사이에 분명한 경계선이 있는 것은 아니라고 가르친다. 통증의 이 두 가지 형태는 몸과 마음속에 자리하고 있으며, 요가는 몸과 마음을 모두 다루는 통합적인 방법이다. 당신은 이 책에 실린 수련들과 아이디어들이 분노, 불안, 외로움, 그리고 우울함에 맞서는 당신을 도울 수 있을 거라는 것을 발견하게 될 것이다.

만성통증은 몸과 마음이 함께하는 경험이다

만성통증을 겪고 있는 사람에게 누군가, "통증은 마음먹기에 달렸어."라고 말하는 것보다 절망스러운 경우는 드물다. 당신은 이런 말을 얼마나 자주 들었는가? 그렇게 말한 사람이 단 하루라도 당신의 몸속으로 들어와 당신이 느끼는 것을 느껴 보고, 당신의 통증을 실감하며 살아보기를 얼마나 바랐는가?

하지만 이런 말들은 당신의 고통을 줄이는 데 실제로 매우 중요하다.

만성통증은 당신의 마음 안에 있다. 그러나 이것은 당신이 생각하는 그런 의미는 아니다. 당신의 통증 경험은 실재한다. 당신의 통증엔 생물학적 근거가 있다. 다만 통증의 근원이 육체적 느낌에 국한되거나, 당신이 생각하는 원인에 국한된 것은 아니라는 것이다. 통증이 단지 어깨에만 머물거나, 당신의 등 또는 엉덩이에만 국한된 것이 아니다. 또한 관절과 근육에만 국한된 문제도 아니다.

수십 년 동안, 과학자들과 의사들은 신체에 가해진 충격에 의해서만 통증이 유발될 수 있는 것으로 생각했다. 그들은 만성통증의 근본 원인을 튀어나온 척추 디스크, 근육 손상, 그리고 감염에서 오는 것으로 탐색했다. 그러나 보다 최근의 연구는 만성통증의 이차적 원인에 대해서도 밝혀 주었다. 당신의 생각, 정서, 기대, 그리고 기억이라는 실제적인 생물학적 과정이 그것이다. 대부분의 만성통증은 육체적인 부상이나 질병에서 출발하지만, 최초의 그 외상(trauma)에 의해서 몸 뿐만 아니라 몸과 마음의 관계가 어떻게 변화하느냐에 따라 통증의 지속 여부가 결정된다.

몸과 마음이 어떻게 상호작용해 만성통증의 경험을 불러오고, 몸과 마음을 함께 다루는 개입이 어떤 도움을 줄 수 있는가에 관한 최근의 이러한 연구결과들을 검토해보자.

- 만성 요통이 있는 사람들에게 분노는 등 깊은 곳의 근육을 긴장시킬 수 있다(Burns 2006). 이는 무거운 물건을 들어 올리거나 체육관에서 과하게 운동하는 것만큼이나 당신의 정서가 오래된 부상을 악화시킬 수 있다는 것을 의미한다. 다른 한편으로, 용서의 명상이 만성 요통을 경감하고 신체기능을 개선하는 것으로 드러났다(Carson과 동료들 2005).

- 육체적인 고통이나 외로움 혹은 거절과 같은 사회적 고통은 똑같은 뇌의 통증 시스템에 의해 감지된다(Eisenberger와 동료들 2006). 한쪽 경험은 다른 쪽에 대해 더욱 민감하게 만든다. 이것은 통증 에피소드가 당신으로 하여금 더 큰 사회적 고립을 느끼게 할 수 있다. 그것은 당신이 통증을 겪을 때 사회적 지지를 갈망하기 때문이다. 또한, 외로움은 육체적 통증을 악화시키지만, 사랑하는 사람이 곁에 있을 땐 통증이 줄어드는 것으로 나타났다(Montoya와 동료들 2004).

- 뇌와 신체는 통증을 통제할 수 있는 타고난 통증−억제 능력을 갖고 있다. 그러나 그 시스템은 일반적으로 만성통증이 있는 사람들에겐 잘 작동하지 않는다. 스트레스, 우울, 그리고 불안이 이들 시스템을 방해할 수 있지만, 몸−마음에 관한 여러 수련들은 이들을 활성화시킬 수 있다. 예를 들면, 육체적인 운동이 뇌의 타고난 통증−억제 물질의 분비를 자극할 수 있으며 (Dietrich와 McDaniel 2004), 명상이 신체가 전달하는 통증 신호에 대한 뇌의 민감성을 낮출 수 있다(Orme-Johnson과 동료들 2006).

이들 연구 결과는 육체적 통증을 일으키는 것은 무엇이고 그것을 어떻게 다루어야 하는지에 관한 우리의 과제를 다시 생각해보게 만든다. 이것들은 또한 몸과 마음의 관계에 대한 우리들의 이해를 확장하라고 자극한다.

■ 당신의 마음은 당신의 육체에 깃들어 있다

우리는 보통 어떻게든 마음을 몸과 분리된 것으로 생각한다. 마음은 우리 안에 존재하는 알 수 없는 경험이다. 그것은 우리의 생각이고, 느낌이며, 의식적인 지향 속에서 우리를 행동하게 만드는 능력이다. 당신의 마음은 당신의 육체에 깃들어 있는 것이다. 감각, 정서, 사고 이들은 모두 몸에서 발생한다. 각각의 감정, 생각, 그리고 결정 등은 그 자체가 신경전달물질, 호르몬, 그리고 몸속을 여행하는 운동 신호들을 보내면서 일어나는 신체의 생화학적 사건이다.

신경 시스템, 내분비 시스템, 그리고 면역 시스템을 포함한 신체의 몇몇 시스템에 의해 감각, 사고, 그리고 정서가 만들어지고 상호 소통된다. 이들 모든 시스템들은 서로서로 친밀하게 연결돼 있다. 이들이 모여 생물학적인 마음을 지어낸다. 이들의 상호작용이 통증을 포함하여 감각, 사고, 그리고 정서라는 당신의 경험 모두를 생산할뿐더러, 이들이 함께 작용하는 방식이 당신의 통증을 끝내는 데에 있어 열쇠가 될 것이다.

■ 이것이 희소식인 이유

당신이 본래 생각했던 것보다 문제가 좀 더 복잡하다는 것을 발견하는 일은 일반적으로 기분 좋은 충격일 리 없다. 그러나 만성통증의 복잡성은 실제로 희소식이다.

수술, 통증 약물, 혹은 육체 치료법을 통해 몸을 고치려는 시도는 단지 당신의 희망만은 아니라는 것을 의미한다. 만약 당신이 만성통증을 지닌 대부분의 사람들과 똑같다면, 오직 몸에 기초한 이들 치료법들은 도움이 아주 작았거나 초라하게 실패로 끝났을 것이다. 또한 당신의 육체적인 통증이 마음의 현상과 연관됐을 때, 마음은 다루지 않은 채 신체만을 치료하려는 시도는 결코 당신에게 온전한 통증의 감소를 선사할 수 없다.

많은 사람들의 경우, 가장 크게 놀랄만한 일은 무엇이 됐든 굳이 당신의 몸 어디가 잘못됐는지 알 필요가 없다는 사실이다. 의사가 당신에게 통증의 원인이 무엇인지 말해주지 못한다면, 치유를 시작하기 위해 진단을 기다릴 필요는 없다. 당신의 몸과 마음이 함께 간다는 사실에 대한 자각은 당신이 듣게 될 그 어떤 진단보다 자신의 통증에 대한 보다 강력한 이해를 가져다줄 것이다. 이러한 새로운 이해를 가지고 호흡 훈련이나 명상과 같은 간단한 수단을 통해 즉시 치유의 과정을 시작할 수 있다(당장 시작하고 싶다면 3장을 펼쳐 보라).

왜 요가인가?

요가가 지닌 힘은 몸과 마음의 관계에 대한 전통적인 깊은 이해에 놓여 있다. 요가를 선전하는 잡지에는 뛰어난 몸매가 나올는지 모르겠지만, 전통적인 요가의 목표는 몸의 건강을 회복하고 마음의 평화를 되찾는 것이다.

요가가 물구나무서기 또는 연꽃자세와 같은 어려운 신체 동작들로 가장 많이 알려지긴 했지만, 이 책에서 그와 같은 고급 자세들을 다루진 않을 것이다. 그것들은 만성통증의 감소와는 거의 관계가 없다.

그 대신, 당신은 폭넓은 치유 방법들을 반영하는 여러 요가 수련들을 배울 것이다. 숨 쉴 수 있다면 요가 할 수 있다는 것을 당신은 곧 발견하게 될 것이다. 만일 당신이 자신의 생각과 감정에 주의를 기울일 수 있다면 요가를 할 수 있다. 당신이 몸 느낌과 그 몸 느낌을 돌보는 방법을 탐색하고자 한다면 요가를 할 수 있다. 요가는 불편한 자세로 몸을 비트는 것이 아니며, 당신이 침대에서 빠져나올 수 없는 경우에도 수련할 수 있는 것이 요가다.

요가의 간단한 수련들은 고통을 끝내는 길로 당신을 이끌 것이다. 당신의 육체적 통증 경험을 바꾸기 위해 마음을 모으는 방법을 요가는 가르칠 수 있다. 요가는 슬픔, 좌절, 공포, 그리고 분노의 감정을 어떻게 변화시키는 것인지 가르쳐줄 수 있다. 그것은 당신이 자신의 신체에 귀 기울이는 법과 자신의 필요를 돌보는 법을 알려줄 수 있으며, 그렇게 함으로써 당신은 자신에게 중요한 활동에 참여할 수 있다. 요가는 만성통증의 경험을 극복하기 위해 필요한 안전, 통제, 그리고 용기의 감각을 당신에게 다시 돌려줄 수 있다.

이 책에서 당신이 기대할 수 있는 것

요가 전통에 뿌리를 두고 있으며 신경과학, 심리학, 그리고 의학 분야의 점증하는 연구에 의해 뒷받침되고 있는, 통증에 관한 몸–마음의 견해를 탐색함으로써 우리는 이 책을 시작하려 한다.

이 책의 핵심 전제는 우리가 자주 겪는 만성적인 고통은 하나의 학습된 몸–마음 반응이라는 것이다. 통증은 하나의 사건에서 시작되지만, 그러나 그것은 부상, 질병, 그리고 여타의 외상적 사건들이 몸과 마음을 변화시키는 정도에 의해 지속된다. 몸과 마음은 이들 사건들로부터 배우기 때문에 바로 회복되지 않는다. 몸과 마음은 이전의 위협에 대해 과도한 자기 보호를 통해 적응한다. 등에 입은 부상은 척추 신경에 대한 만성 신경과민을 유발할 수도 있다. 생활 속 외상 경험은 스트레스나 공포를 처리하는 뇌의 방식에 변화를 가져온다. 결국, 이러한 적응 방식은 위협이 더 이상 존재하지 않음에도 불구하고 새로운 경험에 대해 과민 반응하도록 만든다. 이 과정이 당신을 회피하도록 해 만성적인 통증과 불안의 상태에 빠뜨린다.

현대과학이 신경시스템 안에서 이 과정을 측정해내기 훨씬 이전에 전통 요가는 몸-마음의 이 학습 과정을 알아차렸다. 요가에서는 과거의 경험으로부터 학습된 습관을 삼스카라(潛在印象, samskaras)라고 부른다. 요가철학은 모든 불필요한 고통의 뿌리에 삼스카라가 자리 잡고 있으며, 요가 수련이 그들로부터 벗어나는 최상의 방법이라고 가르친다.

이 책은 당신이 습관적인 고통에서 벗어날 수 있도록 요가 수련을 가르치고, 몸과 마음의 새로운 치료 습관을 창출하는 데에 전력을 다할 것이다. 요가는 건강과 행복을 체험하기 위해 각자가 지니고 있는 타고난 능력을 강조한다. 요가 수련은 이러한 능력을 깨우고 당신의 고통을 치유하는 도구이다.

우리는 호흡으로부터 시작하는데, 호흡은 전통요가에 있어서 치유의 핵심적인 도구이다. 당신은 급성통증 상황을 포함한 일상생활 속 장면에서의 조절과 안전에 대한 감각을 발달시키기 위해 호흡 자각의 간단한 활용법을 배울 것이다. 당신은 일상 속 호흡의 질과 편안함을 증진시키는 기분 좋은 스트레칭 동작을 배울 것이다. 그리고 통증에 대처하기 위한 구체적인 호흡기법들을 배울 것이다.

치유의 다음 단계는 당신의 몸과 친숙해지는 것이다. 자신의 몸에 귀 기울이는 법을 배울 것이고 몸이 요구하는 것에 관한 직관력을 발달시킬 것이다. 당신의 몸과 평화롭게 지내기 위한 요가 수련은, 당신이 만성통증에 대한 보편적인 반응인 분노, 슬픔, 그리고 좌절을 극복할 수 있도록 도울 것이다.

몸과 친숙해지기와 호흡 탐색은 당신에게 요가의 신체적인 훈련들을 배우기 위한 준비 단계가 될 것이다. 호흡을 따라 움직이고(vinyasa), 자세를 취하고 몸을 뻗는 동작(asana)이 그것이다. 당신은 통증을 줄이고 육체적인 건강과 기능의 회복을 돕기 위해 마련된 일련의 동작들을 배울 것이다. 또한 자신의 신체조건에 적합하고 자신의 요구에 부합할 수 있는 개인적인 수련 동작들을 창조하는 방법을 배울 것이다.

다음으로, 깊은 이완을 경험하는 방법을 배울 텐데, 깊은 이완은 만성적인 근육 긴장, 통증 감각, 스트레스, 그리고 불안으로부터 벗어날 수 있는 열쇠이다. 마지막으로, 만성통증의 특정한 측면들에 목표를 둔 몇몇 명상기법들을 배우게 되는데, 통증감각을 다루는 것으로부터 시작하여 고통스런 정서를 전환하는 것에 이르기까지 다양하다. 이완과 명상은 신체의 타고난 치유반응과

행복을 경험하는 마음의 선천적인 능력을 당신이 활용하도록 도울 것이다.

당신이 요가의 치유 수련들을 시도해볼 기회를 가진 다음, 우리는 어떻게 요가를 당신 삶의 일부로 만들 것인지를 엿볼 것이다. 이 책의 마지막 장에서, 당신은 위안, 힘, 용기, 그리고 활력에 대한 자신만의 감각을 발전시킬 '보호 요가(protective yoga)' 수련들을 개발하는 방법을 배울 것인데, 이는 당신이 육체적이거나 정서적인 통증에 빠졌을 때를 대비한 치료적인 수련, "응급처치"에 해당할 뿐더러, 당신이 좋아하는 요가의 치유 수련들을 일상생활 속에 통합하기 위한 전략에 해당하는 것이기도 하다.

각각의 장 안에, 이들 수련들을 활용하여 자신들의 만성통증과 고통을 줄여온 사람들의 이야기를 소개할 것이다. 이 책은 또한 당신의 개인적인 프로그램에 영감을 줄 수 있는 일련의 요가 수련들을 포함하고 있을 뿐만 아니라, 만성통증을 끝내기 위한 당신의 여정을 돕기 위한 추가적인 자원들의 목록도 담고 있다.

🦋 이 책과 무관한 것들

당신이 이 책의 내용을 알게 되었으니, 이 책이 다루지 않는 것들에 대해 말해야겠다.

잘못된 신체를 고치기 위한 훈련 프로그램. 이 책에 실린 수련들은 당신이 몸을 좀 더 편안하게 느낄 수 있도록 돕기 위해 설계된 것이다. 당신이 보다 많은 편안함, 용기, 그리고 행복감을 느끼기 위해 몸이나 그 밖의 무엇을 고칠 필요는 없다.

당신이 시도해보고 실망하게 될 또 다른 어떤 것. 이 책에 실린 요가 수련들은 전통뿐 아니라 과학적연구에 의해서 뒷받침된다. 만일 당신이 요가가 당신에게 제공할 수 있는 것에 대한 탐색에 전념한다면, 당신의 육체적이고 정서적인 통증 경험은 변할 것이다.

의학적 충고 혹은 약 처방에 대한 대안. 이 책에 실린 수련들은 다른 어떤 치료 프로그램을 보완할 것이며, 서구의학이나 현재 도움이 되고 있는 어떤 것도 그만둘 것을 요구하지 않는다. 당신의 웰빙이나 치유에 도움이 되는 것이라면, 그것이 이 책 어딘가에 실린 것이든 의사의 처방전에 적혀 있는 것이든 상관하지 말고 실천하라. 이 책에서 권하는 것들이 건강관리 전문가들에게서 받은 어떤 안내를 반박하거나 대신할 수 있는 것을 의미하지는 않는다.

첫 걸음 내딛기

1장에서 만성통증의 원인들에 관해 배움으로써 당신의 여정을 시작할 수 있다. 1장에서 설명하고 있는 연구조사가 만성통증에 대한 당신의 경험에 관해 많은 것을 설명할 수 있다는 것을 당신이 알아차릴 거라고 나는 생각한다. 그것은 또한 고통을 끝내는 것에 관한 커다란 새 희망을 안긴다. 당신은 심지어 안도하며 "만성통증에 대해 이해하게 됐으니, 변화시킬 힘도 내게 있어."라고 말하는 자신을 발견할지도 모른다.

만일 당신이 통증을 생각하는 것도 지쳤고 요가가 건강과 웰빙에 대해 제공할 수 있는 통찰에 관해 배우고자 한다면, 2장으로 넘어가라. 그리고 몸―마음 연결에 관한 직접적인 경험을 하고 싶다면, 곧 바로 건너뛰어 수련으로 들어가라. 3장의 호흡 수련에서부터 시작하기를 권한다. 호흡은 신체의 안전, 통제, 그리고 편안한 감각의 재발견을 위한 출발점이다. 그것은 또한 모든 육체 운동들과 명상 수련들의 기초가 될 것이다.

나는 요가 수련들과 내 삶에 진정한 차별을 가져다 준 스승들의 지혜와 연민에 깊이 감사드린다. 요가는 몸과 마음 모두에 있어 나에게 강한 힘과 편안함, 그리고 행복을 선사했다. 내가 겪은 과거의 만성통증은 한때 존재했던 어두운 그림자다. 이것이 당신에게 주는 나의 희망의 메세지이다.

추천의 글

우리들 가운데 요가를 하는 사람은 요가가 얼마나 유익한지 알 텐데, 그 중의 하나가 모든 고통을 감소시키는 것이다. 이제 우리는 요가가 왜 이런 효과를 보이는가를 설명해줄 책을 얻었다. 맥고니걸의 책은 고통과 고통의 원인에 관한 두드러진 연구 성과를 보여주고 있으며, 요가가 어떻게 통증에 도움이 되는지를 잘 설명하고 있다. 이 책은 요가 강사들이나 통증으로 고통 받는 사람들에겐 필독서이다. 강력히 추천한다."

– 요가 강사이며 '요가의 몸'의 저자인 주디스 한슨 라자터(Judith Hanson Lasater) 박사

이 책 '고통을 완화시키는 알아차림 요가'는 요가를 통한 자가치유를 하고자 할 때 쉽게 접근할 수 있고 참고할 수 있는 지침서이다. 요가에 대한 맥고니걸의 방대한 지식은 몸과 마음을 변화시키는 요가의 힘을 보여주는 감동적인 이야기들과 수련 지침들을 통해 드러난다. 그녀는 아주 단순하면서 쉽게 실천할 수 있는 간단한 아사나 동작들, 호흡 수련법들, 이완 기법들, 명상, 알아차림, 그리고 일기 쓰기 등의 다양한 접근법들을 조합해 '몸과 친숙해지기'로 통합해왔다. 독자들은 요가로 할 수 있는 일이 많다는 것을 발견할 것이고 힘을 얻는 걸 느낄 것이며, 치유를 위한 자신들만의 길을 정의하고 탐색할 수 있는 영감을 얻을 것이다.

– '요가치료의 기본과 요가를 위한 공간'의 이사이자 '기본적인 로우 백 프로그램'의 저자인 로빈 로덴버그(Robin Rothenberg)

요가와 명상은 사람들이 이완하고, 스트레스를 줄이고, 웰빙을 증대시키는 것을 아주 효과적으로 도울 수 있는 것으로 증명된 기법들이다. 하지만 이것들이 만성통증의 치료에 적용되기 시작한 것은 최근의 일이다. 이러한 시점에, 구체적인 요가와 명상의 전략들이 풍부하게 담긴 실용적이면서도 읽기 편한 이 안내서에는 만성통증으로부터 고통 받고 있는 개인들에 의해 잘 활용될 수 있을 것이다. 이 책은 통증을 더 잘 관리하고 삶의 질을 향상시킬 수 있는 증명된 치료법들에 관심 있는 이들에겐 필독서이다.

– 상담 및 임상 심리학자이자 '만성통증에 효과적인 열 가지 간단한 해법'의 저자인 블레이크 티어난(Blake H. Tearnan) 박사

켈리 맥고니걸의 '고통을 완화시키는 알아차림 요가'는 내가 지금껏 읽은 요가치료에 관한 책 가운데 단연 최고의 책 중 하나이며, 통증에 대처하기 위한 여러 수련 방법과 풍부한 연구 성과를 담고 있다. 이 책은 육체적 혹은 정서적 통증을 지닌 채 살아가는 사람들뿐만 아니라, 전통적이거나 대안적인 건강치료 제공자 혹은 요가 지도자를 포함해 통증과 관련한 직업적 활동을 하는 사람들에게 안성맞춤인 참고서다. 이 책에는 따뜻함과 영혼이 담겨 있으며, 자상할 뿐만 아니라 정보 또한 풍부하다.

– 국제적으로 널리 알려진 요가 및 요가치료 훈련기관인 사마야 센터(Samarya Center)의 설립자이자 책임자인 몰리 래논(Molly Lannon)

맥고니걸(McGonigal)은 고통을 유발하는 통증의 여러 차원들을 분석하며 복잡한 만성통증을 탐색한다. 단순하면서도 따라 하기 쉬운 과정을 거치면서, 그녀는 요가 체험을 통해 몸과 마음을 연결하는 여행으로 당신을 초대한다. 이 책은 미국 만성통증 협회(American Chronic Pain Association)가 가르치는 내용과 잘 맞아떨어진다. 나는 당신이 이 책 '고통을 완화시키는 알아차림 요가'와 함께 이완하고, 자신을 새롭게 하고, 그리고 자신의 모험을 즐기라고 말하고 싶다.

– 미국 만성통증 협회(ACPA) 상임 이사 페니 코완(Penney Cowan)

이 책 '고통을 완화시키는 알아차림 요가'는 당신이 만성통증을 변화시킬 수 있는 손쉬운 방법과 용기, 그리고 능력을 발견하도록 도울 것이다. 다른 여러 통증치료들과는 달리, 맥고니걸의 책은 당신이 현재 받고 있는 통증치료에서 생길 수 있는 부정적인 부작용으로부터 벗어나는 방법에 대해 설명한다. '고통을 완화시키는 알아차림 요가'는 아주 소중한 책이며, 그 탁월함과 명료함은 치유의 핵심을 관통할 것이다.

– 스탠포드 대학교 내의 소아 통증 및 증상 치료 임상 조교수인 줄리 굳(Julie Good)

통증이나 질병으로 고생하는 사람들에게 '고통을 완화시키는 알아차림 요가'는 힘이 되는 하나의 치료도구이다.

— 암 환자들과 생존자들에게 요가를 가르치는 비영리 단체, 요가 베어(Yoga Bear)의 설립자이자
상임이사인 헤일 테코(Halle Tecco)

소중한 이 책에서, 맥고니걸은 통증과 고통이 우리의 가슴 속에서 더할 바 없는 기쁨으로 피어나게 하기 위해 과학과 전통수련법을 통해, 단순하면서도 우아하게 우리에게 용기를 주고 있다. 우리 모두에게 선물을 주고 있는 것이다!

— 국제 요가 지도자이자 '치유의 길 요가, 요가의 숨겨진 힘'의 저자이기도 한
니스칼라 조이 데비(Nischala Joy Devi)

당신이 지금 통증을 겪고 있든, 아니면 그런 사람들을 치료하고 있든 '고통을 완화시키는 알아차림 요가'는 고통에 관한 당신의 시야를 넓혀주고 삶을 변화시킬 것이다. 맥고니걸은 통증보다 훨씬 거대한, 당신이 생득한 건강의 근원인 지혜와 기쁨으로 당신을 다시 연결시키기 위해, 고전에 근거하여 한발 한발 분명한 방법으로 서술하고 있다.

— 활력 요가 테라피 협회의 설립자이자 '우울증을 위한 요가'의 저자인
애미 웨인트라우브(Amy Weintraub)

개인적 경험에서 출발했지만, 맥고니걸은 명료함과 지식 그리고 따뜻함에서 그것을 넘어선다. 통증에 관해 배운 것은 물론이고, 그 통증을 따뜻한 스승으로 삼을 수 있다는 희망을 갖게 됐다. 이 책은 통증에 대한 관념을 바꿀 수 있는 요가수행을 안내할 뿐만 아니라, 독특한 자신의 경험을 통해 자신만의 길을 찾을 수 있도록 만들어준다. "

— 피닉스 라이징 요가 테라피 프로그램의 이사이자 '망각된 육체'의 저자인 엘리사 콥(Elissa Cobb)

이 책 '고통을 완화시키는 알아차림 요가'는 사용자 친화적인 방식을 통해 자기 돌봄에 관한 원리를 적절하고 쉽게 이해할 수 있게 해준다. 이 책은 전문가들이 임상에 바로 적용할 수 있는 최신의 실천 방안들을 가장 효율적으로 제공한다. 희망을 품고 기쁜 마음으로 쉽게 따라할 수 있는 이 맞춤형 안내서를 통해, 통증을 겪고 있는 사람들은 작가의 재능과 고대의 지혜의 만남을 찬양할 수 있을 것이다!

— 국제 요가 치료자 협회의 회장이자 다이나믹 시스템 사회복귀 클리닉의 설립자이며 소유인인
매튜 테일러(Mattew J. Taylor) 박사

맥거니걸은 요가가 통증환자들에게 매우 유익하다는 근거를 제시하면서 몸과 마음의 상호연관성에 관해 전문적이면서도 이해하기 쉽게 설명한다. 그녀는 결코 요가를 실천할 수 없을 거라고 생각했던 사람들조차 요가에 쉽게 다가갈 수 있게 만든다. 이 책은 자신들의 통증 관리 전략 속에 요가를 포함시키고자 하는 만성통증 환자들에게 하나의 필독서이다.

— 세인트 미첼 병원의 통증클리닉 및 써니브룩 병원의 통증 관리 프로그램에 근무하는 전문의이자,
캐나다 토론토 대학의 조교수이기도 한 재키 가드너 닉스(Jackie Gardner-Nix) 박사

맥고니걸의 '고통을 완화시키는 알아차림 요가'는 전통적인 하타 요가의 테크닉과 현대 의학을 접목하는 데 공헌한 훌륭한 저작물이다. 이해하기 쉽고 매력적인 이 책은 만성통증을 겪고 있는 사람들이나 그들과 작업하는 전문가들 모두에게 귀중한 자원이다.

— 요가 지도자 양성교사이자 '컴퓨터 사용자를 위한 요가 및 건강한 무릎을 위한 요가'의 저자인
샌디 블레인(Sandy Blaine)

Contents

그대가 고통과 그 고통의 원인으로부터 자유로워지기를
그대가 진정한 건강과 행복, 그리고 일체를 깨닫기를

– 자비 명상 –

Chapter 1 통증에 대한 이해

본 장은 신경과학, 심리학, 그리고 의학에 있어서의 최신 이론에 기초하여 통증에 관한 몸-마음의 관점을 설명한다. 이 모델이 통증에 관한 당신의 몇몇 고정관념에 반하는 것일는지도 모르지만, 만성통증에 대한 당신의 여러 의문을 해소하는 데 도움을 줄 것이다.

통증에 대해 알아야 할 것들

지난 수십 년간의 통증 연구를 통해, 3가지 중요한 아이디어가 만성통증을 이해하는 데 커다란 진보를 가져왔다. 첫 번째 인식은 통증이 몸-마음의 과정이며, 신체적 상처나 질병뿐만 아니라 생각, 감정, 스트레스, 학습에 의해서도 초래된다는 것이다. 두 번째 주요한 인식은 통증이 만성화되면 건강한 전형적인 통증반응의 법칙이 더 이상 작동하지 않는다는 것이다. 마지막으로는 호흡, 이완, 명상, 또는 운동을 통해 몸과 마음의 통증 억제 시스템(pain-suppressing systems)에 자연스럽게 접근할 수 있는 법에 대한 이해를 향상시켰다는 것이다.

현재 의학 분야에서 일반적으로 받아들여지고 있는 이들 세 가지 아이디어는 왜 통증이 지속되며, 지속되는 통증에 대해 할 수 있는 것이 무엇인지를 설명하는 데 도움을 준다. 만성통증에 대한 몸-마음의 현대적 관점이 복잡하긴 하지만, 그 복잡성은 치료의 가능성을 풍부하게 해준다. 통증을 느끼게 하는 많은 요인들에 대해 알게 됨에 따라, 여러분은 각각의 요인을 통증경험을 변화시킬 수 있는 방안으로 달리 볼 수 있을 것이다.

통증은 몸-마음의 방어적인 반응

먼저 우리는 왜, 그리고 어떻게 통증시스템이 만성통증에 의해 망가지는지 탐색하기 전에, 통증시스템이 효과적으로 작동하는 방법에 관해 잠시 살펴보고자 한다.

통증은 안 좋은 것으로 받아들여지고 있지만, 몸-마음이 연결돼 있다는 하나의 명쾌한 증거다. 고통이 없는 세상은 위험한 곳일 수 있다. 통증은 당신의 신체적 안전과 웰빙이 위험에 처하는 순간을 알게 해준다. 그것은 당신이 손상을 입고 있을 때 자신을 방어할 수 있도록 동기를 부여한다. 그리고 그것은 당신이 해가 될 수 있는 것들을 피하는 법을 배우도록 도와준다.

그러면 어떠한 기제로 통증은 이 모든 작용을 해내는가? 우리의 심신은 매순간 반응하며 가장 중요한 과업-자신을 보호하기-을 위해 모든 주의력과 에너지를 투입한다. 통증은 이러한 심신의 반응을 조절한다.

그림 1. 방어적인 통증 반응

통증은 위협으로부터

방어적인 통증반응은 몸에 상처가 나거나 열이 오르거나, 근육에 염증이 생길 때와 같이 몇몇 신체적 위협을 경험할 때 시작된다. 이 위협은 몸이 위험에 빠졌다는 신호를 탐지하는 피부, 근육, 관절, 그리고 기관의 특정 신경에 의해 감지된다. 세상의 모든 것들이 안전할 때 이런 위협 탐지 장치들은 침묵한다. 하지만 상처나 외상이 생길 경우, 이들은 척수를 거쳐 뇌로 이 위협 신호를 전달한다.

위협신호가 가장 먼저 감각정보를 받아들이는 뇌 부위에 도착하면, 뇌는 일종의 판단을 내린다. 무슨 일이 일어나고 있는가? 얼마나 심각한 것인가? 이것은 내가 주의를 기울일 필요가 있는 것인가? 만약 뇌가 입력정보에 주의를 기울이기로 결정한다면, 응급상황의 대처에 도움이 되는 다른 여러 뇌 부위에 그 메시지가 전달된다. 이와 같은 뇌의 네트워크를 "통증 신경그물망(pain neuromatrix)"(Melzack, 2001)이라고 일컫지만, 당신은 그것을 장내방송설비(public address system)처럼 생각할 수도 있다. 정보는 단지 그것을 필요로 하는 곳이나, 정보를 가지고 무엇을 해야 하는지 아는 곳에만 송출된다.

이것은 위협신호를 통증감각으로 변형시키는 뇌 부위를 포함하며, 그로 인해 당신은 몸에서 어떤 일이 일어나는지를 정확하게 알게 된다. 또한 그 메시지는 목표와 갈등을 추적하는 뇌 부위에도 전달된다. 이것은 잘못 된 것에 주의를 집중하게 만들고, 당신이 할 수 있는 것을 통해 상황을 개선하도록 당신이 문제를 해결할 수 있게 해준다. 또한 뇌의 감정 처리 영역들도 메시지를 전달받아 두려움에서 분노까지 넓은 범위의 반응을 촉발한다. 이러한 감정들은 비록 유쾌하지 않다고 하더라도 자신을 방어하려는 동기부여에 중요한 역할을 한다. 통증의 신체감각과 관련하여 생각과 감정의 결합은 모든 통증 경험이 유발하는 고통의 요소를 구성한다. 무언가 잘못되었다는 이런 느낌은 당신이 할 수 있는 모든 것들을 반드시 행함으로써 자신의 안전을 지킬 수 있다는 뇌의 전략이다.

당신을 구하는 상위 스트레스

통증반응 덕분에 당신은 아주 커다란 혼돈에 빠지며, 통증과 고통을 끝내기 위하여 뭔가를 해야 한다는 동기를 부여받는다. 그것이 바로 스트레스가 일어나는 지점이다. 당신이 행동하는 것을 돕기 위해, 몸으로 하여금 응급 스트레스 반응을 내보내도록 명령하는 뇌 부위에 위협신호가 동시에 보내진다.

응급 스트레스 반응은 몇몇 연구자들이(Chapman, Tukett, Woo Song, 2008) "스트레스 상위체계(supersystem of stress)"라고 일컫는 신경계, 내분비계, 면역계의 활동을 조절한다. 이런 상위

체제는 에너지를 공급하고 생명의 위협으로부터 자신을 보호할 수 있도록 집중하게 만드는 풍부한 생리적 변화를 촉발함으로써, 재빨리 곤경을 면하게 하거나 생명을 구할 수 있게 한다. 신경계는 교감신경 각성(sympathetic arousal)을 증가시키며 심장박동수와 혈압을 올리고, 감각을 날카롭게 하며, 근육긴장을 높이고, 혈류에서 당류와 지방 형태의 에너지가 넘쳐나게 한다. 내분비계는 아드레날린 및 다른 스트레스 호르몬을 혈류에 방출하여 교감신경계의 효과를 더욱 증폭시킨다. 면역계는 어떤 상처라도 치유하거나 독성 침입자와 싸울 준비를 한다. 이것은 몸 곳곳에 염증을 증가시키고 감염을 막아내는 면역세포를 활성화함으로써 일어난다. 이러한 변화들은 긴장감을 주고, 위기의식을 느끼게 하며, 당신을 취약하게 만들지만, 재빨리 생각하고 행동할 수 있도록 몸을 준비시킴으로써 응급 상황에서 큰 도움을 준다.

통증경험을 통한 학습

위협이 사라진 후에도 통증반응은 끝나지 않는다. 몸과 마음은 앞으로 이 위협으로부터 어떻게 자신을 보호할 것인지를 분명히 아는 것에 깊은 관심을 갖는다. 따라서 신경계는 이 경험에 대한 학습 과정을 진행시킨다.

의미 있는 통증의 경우, 일반적으로 오래전에 이미 종료된 사건이 마음속에서 되풀이 되는데, 그때의 통증을 떠올리며 그것에 관해 사람들에게 말하고, 어떤 일이 있었나를 따져보고, 미래에 일어날 수 있는 유사한 통증을 피하기 위해 당신이 무엇을 할 수 있는가에 대해 생각하게 된다. 통증에 대한 생각과, 상황이 나빠져 그것이 다시 찾아오지 않을까에 대한 염려를 멈추는 것은 어려운 일일 수 있다.

대다수의 사람들이 이러한 반추를 통증반응과 무관한 것으로 여기지만, 이것은 방어과정(protective process)의 중요한 일부분이다. 마음에 새겨진 고통의 각인이나 기억은 당신으로 하여금 통증경험을 학습하도록 만드는데, 미래의 어느 날, 유사한 위협을 자각하고 모면할 수 있는 가능성을 확실히 높이기 위한 것이다. 물론, 당신이 거슬리는 생각을 하고 있다면, 그것이 그렇게 도움이 된다고 느끼지는 않을 것이다. 그렇지만 이러한 생각들을 떨치기가 왜 그렇게 어려운지 당신이 이해한다면, 그것들이 올라올 때 당신 자신에 대해서 덜 힘들어할 수 있다. 자신의 안전을 도모하기 위해 마음이 계속 이야기를 지어낸다는 것을 알게 되면, 당신 마음이 그려내는 최악의 시나리오를 덜 믿을 수 있을 것이다.

또한 신경계는 당신의 의식적인 자각 영역 밖에서 학습과정을 스스로 수행하고 있다. 어떤 종류의 상처나 질병도, 심지어 짧은 기간 안에 완전히 치료된 것이라 할지라도, 통증을 처리하는 신경계의 방식을 바꿔 놓을 수 있다. 몸은 단지 상처나 질병을 치료하는 데서 그치는 것이 아니라 그것을 통해 학습하게 되며, 미래를 예측하는 데에 그 경험을 활용한다. 위협을 감지하는 신체의 감각기관으로부터 뇌의 뉴런에 이르기까지, 통증체계의 모든 영역은 미래에 닥칠 유사한 위협을 감지해서, 보다 수월하게 방어적인 통증반응을 조직할 수 있는 방식을 채택할 것이다(Tracey와 Mantyh 2007).

통증에 대한 최초의 신체감각으로부터 문제해결, 정서적 고통, 스트레스 반응, 그리고 학습에 이르기까지, 통증에 관한 당신의 개인적인 경험을 만들어내는 것은 일련의 방어적인 뇌의 반응들이다. 단순히 신체감각을 넘어서서, 통증은 가장 복잡한 인간 경험 가운데 하나이다. 이것은 통증이 당신의 생각, 감정, 그리고 행동에 영향력을 미치며 당신 삶의 모든 측면들과 맞닿아 있기 때문이다.

대체로, 방어적인 뇌의 반응은 급박한 응급상황이나 단기간의 통증을 처리할 때, 생존이라는 측면에서 부적절한 시스템은 아니다. 불행하게도, 신체적으로 위험한 상황에서 통증을 통해 우리의 생존을 돕는 그 시스템이 복잡하고 지속적인 만성적인 통증을 만들어내는 바로 그 시스템이다. 이제 방어적인 뇌의 반응이 만성적인 통증으로 이어질 때 어떤 일이 일어나는지, 그리고 당신이 무엇을 할 수 있는지를 생각해보자.

급성 통증 대 만성 통증

만성 통증에 대해 가장 먼저 알게 되는 것 가운데 하나는 그것이 앞서 설명한 급성 통증반응의 전형적인 규칙을 따르지 않는다는 사실이다. 급성 통증과 만성 통증간의 차이를 이해하는 것은 당신이 자신의 통증을 관리하고 감소시키는 데에 있어 매우 중요할 것이다.

급성 통증은 몇몇 상처와 질병에 대한 즉각적이고 일시적인 하나의 반응이다. 앞서 설명한 대로, 그것은 신체에 대한 실제적인 위협으로부터 촉발되며 합당한 보호 반응으로 이어진다. 급성 통증은 대부분의 경우 당신의 신체에 가해지는 위협을 알려주는 꽤나 믿을 만한 지표이다. 만일 당신이 다리를 어딘가에 부딪친다면, 당신은 곧바로 다친 부위에서 일어나는 통증을 느낄 것이다. 만일 손을 뜨거운 난로에 올려놓는다면, 당신은 위험한 열기에 닿은 피부에서 통증을 느낄 것이다. 일반적으로, 통증의 강도는 위협의 심각성과 일치한다. 심각한 위협일수록 통증도 커진다. 위협이 끝나고 몸이 치유되면, 통증은 사라진다. 간단히 말해, 급성 통증이 느껴질 때, 당신은 자신의 느낌과 신체에서 일어나고 있는 일 사이에 어떤 연관이 있다고 짐작할 수 있다.

당신이 자신의 통증에 관해 이야기를 나누었을 수도 있는 여러 사람들을 포함한 대다수의 사람들은 이것이 또한 만성 통증이 작동하는 방식이라고 생각한다. 만약 당신에게 만성 통증이 있다면, 당신의 뇌에 계속해서 경고를 보내는 만성적 위협이 몸에 있어야만 한다는 가정이 성립한다. 그리고 그 통증이 악화된다면, 신체에 가해지는 위협의 강도가 커졌기 때문이어야만 한다.

만성적 통증의 경우, 이러한 예는 드물다. 만성 통증은 세 가지 중요한 점에서 급성 통증과 다르다. 첫째, 위협이 사소하거나 심지어 존재하지 않을 때조차 위험 신호를 뇌에 전달함으로써, 몸이 위협에 대해 점차 예민해질 수 있다. 둘째, 어떤 실제적인 위험과 균형이 맞지 않는 통증반응을 발생시킴으로써, 뇌는 상황을 보다 위협적인 것으로 해석하고 신체감각을 더욱 고통스러운 것으로 받아들일 수 있다. 마지막으로, 반복되는 통증의 경험으로 인해, 신체감각이나 고통 그리고 스트레스와 같은 통증반응의 여러 측면들 사이의 경계가 흐릿해진다. 이것은 이들 중 어느 하나가 깊숙이 진행된(full-blown) 방어적 통증 반응을 촉발하도록 만든다.

이러한 차이들은 당신의 신체에서 일어나고 있는 일들에 관해서, 만성 통증이 급성 통증에 비해 그다지 믿을 만한 것이 못 된다는 것을 의미한다. 당신이 느끼는 통증이 신체에 가해지고 있는 진짜 위협을 반영하는 것일 수도 있지만, 때로는 그렇지 않을 때도 있다. 통증이 진실로 반영하는 것은 정도를 넘어선 몸―마음의 방어적인 반응이다. 대부분의 만성적 통증의 경우, 몸과 마음은 어떻게 하면 위협의 아주 미세한 실마리 하나라도 감지해서 모든 통증과 고통에 대해 온전히 방어적인 반응을 보일 것인지에 관해 학습한다.

만성통증은 학습된 몸―마음의 과도한 방어적 반응이다

대부분의 만성통증들은 주로 잘못 인식된 학습이라고 설명된다(Garcia-Larrea와 Magnin 2008). 미래의 위협으로부터 당신을 보호하고자 하는 몸과 마음은 현재에 벌어지고 있는 당신의 통증과 고통을 증폭시키는 법을 학습한다. 이 과정에서 두 가지 형태의 학습이 핵심 역할을 하는데, 통증에 대해 민감해지는 것이 첫 번째이고, 신체와 관련이 있든 없든 모든 위협을 육체적 고통으로 해석하는 것이 그 두 번째이다.

민감화 : 몸과 마음이 위협을 감지했을 때

만성통증에 시달리는 대다수의 사람들은 다음 통증의 순간 혹은, 통증이 악화되는 순간을 주시하며 늘 경계를 늦추지 않는다. 당신은 알아차리지 못할 수도 있지만, 신경계는 그 일을 하고 있다. 이것을 통증 민감화(pain sensitization)라 하며, 통증 진행과정의 전 영역에서 일어난다. 예를 들어, 신경 말단에 있는 위협 감지기관들은 아주 예민해져서 신체에 가해진 압력이나 긴장, 혹은 염증의 민감한 변화에도 반응할 수 있게 된다(Staud와 Spaeth 2008). 위협신호를 감지하기 위해서 대기하고 있는 뇌는 위협신호를 우선적으로 처리해서 자신에게 보고하라고 신경계에 명령을 내릴 수 있다(Porreca, Ossipov, 그리고 Gebhart 2002). 이는 위협신호에 대한 몸과 뇌 사이의, 그리고 뇌의 서로 다른 영역들 간의 의사소통이 좀 더 빨라짐으로써 신경계가 통증에 대해 보다 예민해지는 것을 의미한다. 일부 만성 통증의 경우, 누군가 당신의 머리를 가볍게 때리는 정도의 전혀 해롭지 않은 신체감각조차 신경계에 의해 위협으로 해석되며, 놀랍도록 강렬한 통증을 불러일으킬 수 있다(Maihöfner, Handwerker, 그리고 Birklein 2006).

만성통증을 지닌 모든 사람들이 이러한 변화를 겪는 것은 아니며, 일부 민감화는 통증에 도움이 된다는 점에서 변화가 좋은 것일 수도 있다. 중요하게 기억해야 할 것은 이와 같은 학습과 그로 인한 만성통증이 실제 위험에 대한 하나의 과장된 반응이라는 점이다. 방어적인 이 통증반응은 지나치게 되고, 만성통증의 빈도, 지속시간, 그리고 강도가 신체에 대한 실제적인 위협을 훨씬 넘어설 수 있다. 당신에게 통증이 찾아와 신체 어딘가가 아주 잘못된 것이라고 느껴질 때는 이 사실을 떠올리기가 어려울 수 있다. 하지만 항상 통증의 강도가 얼마나 상처를 입었고 얼마나 아픈지를 알려주는 훌륭한 지표는 아니라는 것을 이해하면, 걱정이 통제를 상실하고 커져만 갈 때 편안해지는 계기를 찾을 수 있을 것이다.

신경가소성 : 통증에 대한 신경계의 적응

과거의 통증은 왜 당신이 미래의 통증에 더 예민해지도록 만드는가? 당신은 반응 경험으로부터 학습하는 신경계의 경이로운 능력에 감사해야 한다. 이 능력을 신경가소성(neuroplasticity)이라고 부른다. 이것은 일반적으로 신경계가 요구에 호응하는 것을 말한다.

신경가소성은 모든 형태의 학습에 도움이 되는데, 한 발로 서있거나 균형을 잡는 것과 같이 새로운 기술에 대한 학습을 포함한다. 신경계가 경험을 통해 배우기 때문에 뇌는 몸으로부터 오는 피드백을 더욱 정교하게 이해하게 된다. 신체에 명령을 전달하는 것도 역시 더욱 정교해진다. 한 발로 균형을 잡는 예를 살펴보면, 신경계는 당신이 넘어질 수도 있다는 신호에 더욱 민감해진다. 또한 신경계는 균형을 유지시켜주는 신체반응을 유발하는 그러한 정보의 활용에 더욱 능숙해진다. 이것은 신경계가 통증에 민감해지는 방식과 연관이 있다. 반복되는 통증 경험을 통해, 신경계는 위협을 감지하고 방어적인 통증반응을 표출하는 데에 더욱 정교해진다(Petersen-Felix 그리고 Curatolo 2002). 그런데 만성통증의 경우, 불행하게도 놀라운 신경가소성이 그렇게 큰 위력을 발휘하지 못한다. 경험을 통한 학습과 통증에 대한 정교화는 역설적으로 통증의 감소가 아니라 증가를 의미한다.

하지만 신경가소성이 당신이 보이는 반응의 반복 가능성을 높인다는 사실을 명심하라. 이것은 통증-스트레스 반응의 경우뿐만 아니라, 이완, 수용, 그리고 감사의 태도를 갖는 치유반응에서도 진실이다. 신경가소성은 만성통증을 설명해주고 그 해결책도 제시해준다.

▬▬▬ 만성통증과 만성스트레스 : 이들이 해로운 이유

만성통증이 단지 당신을 육체적인 통증에만 민감하게 만드는 것은 아니다. 그것은 육체적, 정서적 혹은 사회적인 여러 스트레스에 당신이 더욱 민감해지도록 만들 수 있다. 이 증가된 민감도 역시 신경가소성에 의한 것이다. 스트레스 반응을 촉발하는 각각의 통증경험은 그 스트레스 반응을 강화시킨다. 반복되는 통증경험은 통증감각뿐 아니라 온갖 종류의 갈등과 위협을 감지하는 뇌 영역의 민감도를 증가시키는 것으로 이어진다(Zhuo 2007; Goncalves와 동료들 2008). 이런 형태의 학습은 만성적인 신체통증이 불안장애나 우울증 등과 같은 만성적인 정서적 고통으로 발전하는 데에 커다란 역할을 하는지도 모른다.

만성통증은 당신이 만성스트레스에 더욱 예민해지도록 만들고 나아가, 만성스트레스는 당신이 육체적인 통증에 더욱 민감해지도록 만들 수 있다(Lariviere와 Melzack 2000). 스트레스 반응에 대한 이 생리학적 변화들은(염증과 각성을 포함하여) 몸과 마음에게 완벽한 학습 환경을 제공하며, 통증이 지속될 수 있는 가능성을 증가시킨다(Finestone, Alfeeli, 그리고 Fisher 2008). 만성스트레스 역시 육체적인 통증경험으로서, 똑같은 변화를 신경계에 가져다 줄 수 있다. 신체의 위협 감지기관들은 좀 더 예민해지고, 신경계는 위협신호를 뇌에 전달하기 위해 더욱 분주해지며, 뇌는 신체감각을 통증으로 해석할 공산이 커진다(Tracey와 Mantyh 2007).

만약 당신이 마음속에서 통증과 스트레스를 구분하기가 점점 더 어렵다고 느낀다면, 당신의 신경계가 똑같은 어려움에 봉착했다고 짐작할 수 있다. 통증과 스트레스는 둘 다 생존 시스템일뿐더러 아주 빈번이 함께 작동하기 때문에, 신경계는 육체적, 정서적, 경제적, 사회적 등등의 위협들을 모두 육체적 통증으로 똑같이 취급하기 시작할 수 있다.

당신이 매번 통증반응을 보일 때마다, 당신의 뇌는 생각, 감정, 그리고 통증경험을 일으키는 주변 환경 속의 어떤 단서들과 같은 서로 다른 여러 감각들 사이의 연관성을 따져본다. 연관성이 강하다고 판단하면, 육체적 통증과 연관되어 있다고 생각되는 스트레스, 분노, 수면부족, 통증의 기억, 미래에 대한 걱정 등등은 신체감각이나 고통의 모든 방어적인 통증반응을 불러일으킨다. 심지어 통증반응은 직장에서의 스트레스나 가족과의 갈등과 같이 과거의 통증이나 당신의 신체와는 전혀 관계가 없는 위협들에 의해서도 유발될 수 있다. 더욱 놀라운 것은 심리적인 위협도 신체의 변화와 더불어 통증을 유발할 수 있다는 사실이다. 예를 들면, 등 아래 부분에 만성통증이 있는 사람들은 스트레스에 의해 근육긴장의 독특한 패턴이 나타나는 것으로 드러났다(Glombiewski, Tersek, 그리고 Rief 2008). 일반적인 통증반응과는 달리, 신체의 만성통증은 뇌에서 시작하여 몸의 나머지 부분으로 퍼져나갈 수 있다.

이 모든 연구에서 가장 중요한 과제는 스트레스가 만성통증에서 가장 큰 부분을 차지한다는 것이다. 스트레스는 통증의 원인이며 결과이고, 대부분의 사람들에게 스트레스 그 자체가 만성적인 상황을 뜻한다. 이와 같은 이유로, 스트레스를 줄이는 방법을 배우는 것은 만성통증에 맞서 싸워서 없앨 수 있는 가장 중요한 첫걸음이 될 것이다. 통제력, 사회적 지지, 그리고 약물과 같이 스트레스를 감소시키는 많은 것들은 육체적인 통증 역시 감소시킬 것이다. 몸의 어디가 잘못됐고 어떻게 그것을 치료할 수 있는지 알려고 애쓰는 것보다 앞서 설명한 것들에 주목하는 것이 만성통증에 좀 더 효과적일 수 있다.

도움이 되는 요소들

만성통증에 관한 이와 같은 여러 안 좋은 소식에도 불구하고, 아주 큰 도움이 될 만한 두 가지 요소가 있다.

첫 번째는 당신의 몸과 마음은 방어적인 통증-스트레스 반응만큼이나 강력한 치료반응을 내부에 가지고 있다는 사실이다. 이러한 치료반응에는 타고난 몸의 통증억제 시스템, 이완반응, 그리고 기쁨과 감사와 같은 긍정적인 정서 등이 포함된다. 당신은 통증과 스트레스를 반감시키는 이러한 반응들을 활성화하는 법을 배울 수 있으며, 몸이 부상과 질병에서 회복하도록 만들 수 있다.

두 번째 희망적인 요소는 학습은 평생 계속되는 것이며, 당신이 학습한 어떤 변화도 영원하지는 않다는 것이다. 통증과 스트레스에 대한 민감도는 바뀔 수 있다. 신경가소성이 치료를 위해 활용될 수 있다. 당신의 몸과 마음은 어떻게 만성통증을 다룰 것인지를 배워왔으며, 당신이 해야 할 일은 새로운 방식을 가르치는 일이다.

이 두 희망적인 요소들은 이 책의 나머지 부분에서 다룰 것이다. 당신은 이제 만성통증에 영향을 끼치는 요인들에 대해 더 잘 알게 되었지만, 가장 중요한 정보는 아직 등장하지 않았다. 당신은 이어지는 장에서 고통을 줄이고 통증을 치료하기 위해 이들 치료반응들 각각을 활용하는 방법에 관해 자세한 안내에 따라 더 많이 배우게 될 것이다.

요가를 통한 몸과 마음의 수련

만성 스트레스와 통증반응에서 벗어날 수 있는 최선의 방법은 새롭고 건강한 행동 반응을 몸과 마음에 부여하는 것이다. 이 책을 통해 당신이 배울 수 있는 것은 바로 이것이다. 건강과 웰빙을 선택하는 방법을 요가수행이 보여줄 것이다.

2장에서, 당신은 요가가 만성통증을 잊게 하는 접근법으로서 왜 그렇게 촉망받고 있는지 배우게 될 것이다. 간단히 말해, 요가는 통증반응의 모든 측면을 다루는 방법을 제공하는 하나의 종합적인 몸—마음 시스템이다. 이완, 스트레스 감소, 힘겨운 감정 다루기, 통증에 대한 생각과 신념 체크, 그리고 고통스런 신체감각에 덜 반응하는 마음수련 등을 위한 요가 프로그램들이 존재한다.

요가는 당신의 마음이 예측할 수 없는 몸 느낌에 끌려 다니는 것이 아니라, 마음 자체를 치유의 자원으로 활용하는 법을 알려줄 것이다. 요가는 또한 자신의 몸을 돌보는 분명한 방법을 전해줄 것이며, 통증 속에 있을 때조차 어떻게 자신의 체험에 책임을 질 수 있는지를 가르쳐줄 것이다.

몸과 마음의 만성적인 통증—스트레스 반응을 "지속적인 치유"(chronic healing) 반응으로 전환시키는 과정에 도움을 줌으로써, 요가는 당신이 지닌 만성통증의 고통을 감소시키는 것 이상의 역할을 할 것이다. 더 큰 활력과 용기, 그리고 기쁨을 당신 삶의 전 영역에 심어줄 것이다.

Chapter

2 요가: 몸, 마음, 영성의 재결합

신경과학과 심리학, 그리고 의학 분야가 통증이 왜 그리고 어떻게 지속되는지를 더욱 정교하게 밝혀내고 있지만, 아직까지 만족할 만한 해답을 내놓지는 못하고 있다. 통증에 관한 약물은 대개 장기처방에서는 실패하고 있다. 통증 관리프로그램들은 주로 통증 경험을 변화시키는 것보다는 통증에 대처하는 법에 초점을 맞춘다.

요가가 등장하는 지점이 바로 여기다. 전통적인 요가는 불필요한 고통을 끝내는 하나의 체계로서 발전해왔다. 요가의 목적과 수행과정을 담은 초기 안내서 가운데 하나인 요가수트라(Yoga Sutras)는 이러한 체계에 대해 이미 이천 여 년 전에 설명했다.

요가철학은 고통으로부터의 자유라는 희망을 주며, 그 수행은 치유의 방법을 알려준다. 이 장은 부적절한 통증과 고통을 끝내는 길로 당신을 안내할 전통요가의 핵심적인 아이디어들을 소개할 것이다. 이들 아이디어는 1장에서의 과학적 설명에 정신을 불어넣을 것이며, 이어지는 장(章)들에서 배울 요가수련에 관해 이해할 수 있는 체계를 제공할 것이다.

몸, 마음, 그리고 영성

현대과학은 우리가 "마음"(the mind)이라고 부르는 것과 "몸"(the body)이라고 부르는 것이 서로 분리된 것이 아니라는 것을 증명하고 있다. 이것이 전체를 이해하는 데에 훌륭한 토대를 제공하기는 하지만, 무엇이 인간인가에 관해 논한다고 할 때 어떤 근본적인 요소 하나가 빠져있다. 그것은 바로 "영성"(the spirit)이다.

요가는 누락된 이 요소를 추가한다. 전통요가에 따르면, 인간의 구성은 단지 몸과 마음뿐 아니라 호흡, 지혜, 그리고 환희까지도 포함한다. 호흡은 당신에게 생기를 불어넣는 생명의 활력이고, 지혜는 내부의 안내자이며, 환희는 당신보다 큰 어떤 존재와의 연결이다. 더불어, 이들 세 가지 차원은 정신의 요소들이다. 이들은 각 개인이 천부적으로 갖고 있는 치유와 웰빙의 능력이지만 일반적 의학이나 과학적 관점이 자주 빠뜨리는 요소들이기도 하다.

몸, 마음, 그리고 영성에 대한 이 요가 모델은 이미 수천 년 전에 소개된 것이기는 하지만, 그것에 관한 통찰은 근자에 와서 이루어지고 있다. 과학적 모델이 몸과 마음이 분리될 수 없는 것으로 인식하는 것과 같이, 이 요가 모델도 몸, 마음, 그리고 영성이 전체적으로 하나로 연결된 것이라고 인식한다. 몸, 마음, 호흡, 지혜, 그리고 환희의 다섯 가지 차원은 한 개인의 건강을 이해하는 데 있어 똑같이 중요하다. 이들 요소들 가운데 어느 하나의 균형이 깨지면 다른 요소들에게도 영향이 미치고, 어느 하나를 치료하면 나머지 요소들에게 그 효과가 퍼진다.

호흡

전통적인 요가의 표현에 따르면, 호흡과 생명력을 뜻하는 단어는 '프라나(prana)'이다. 프라나는 당신의 행동, 생각, 그리고 감정 작용을 지원하는 에너지이다. 그것은 호흡으로부터 생겨나지만 몸에 의해 활성화된다.

요기들은 몸속 프라나의 흐름이 몸의 치유작용을 가능케 한다고 믿는다. 프라나가 부족하면 당신은 피로하거나 아프고, 우울이나 통증을 느끼게 되는지도 모른다. 프라나가 풍부하면 당신은 생기가 넘치고 행복하며 강해진다. 몸속 프라나의 순환은 수면, 운동, 그리고 노동과 같은 당신의 어떤 활동뿐 아니라, 음식, 음료, 약물처럼 당신이 섭취하는 어떤 것에 의해서도 영향 받을 수 있다. 하지만 가장 직접적인 영향을 주는 것은 단순한 움직임, 호흡이다. 이것을 마음에 새긴다면, 당신이 하고 있는 호흡의 질이 웰빙에 영향을 끼친다는 것을 이해하는 것은 쉽다.

호흡이 프라나의 토대이기 때문에, 전통 요가는 당신의 몸을 타고 흐르는 생명력을 북돋우기 위해 여러 호흡 수련을 발전시켜왔다. 이들 호흡수련을 프라나야마(pranayama)라고 부르는데,

"에너지 조절"(energy management)이라고 번역한다. 이 용어는 당신이 이 책에서 배우게 될 호흡 수련에 관해 쉽게 떠올릴 수 있게 해준다. 이 방법들은 당신의 에너지, 기분, 그리고 웰빙을 진작시키는 도구이다.

프라나를 공급해주는 호흡은 당신이 이 책에서 배울 모든 요가의 핵심이다. 이것이 바로 다음 장에서 호흡의 자각과 프라나야마를 요가프로그램의 출발로 삼는 까닭이다.

지혜

우리들 대부분은 자신의 바깥에서 조언을 구하곤 한다. 전문가나 권위 있는 사람, 의사, 그리고 심지어 작가들을 찾아간다. 특별한 정보나 의견이 필요한 경우라면 이 방법도 괜찮다. 그러나 전통 요가는 전문가들을 모두 합한 것보다 뛰어난 내부 안내자가 있다고 주장한다. 이 내적 지혜는 당신에게 어떤 것이 진실이고, 당신이 어떻게 마음의 평화를 경험할 수 있는가에 관해 외부의 그 어떤 권위자보다 더 잘 말해줄 수 있다.

몸과 마음, 그리고 영성에 관한 이 요가 모델에서, 지혜는 지식이나 지적 능력에 관한 것이라기보다는 직관과 알아차림에 관한 것이다. 이것은 지금 이 순간 무엇이 진실이며, 무엇이 필요한지를 아는 능력이다. 이것은 또한 스트레스, 실망, 자책, 그리고 염려를 포함하여 고통을 만들어내는 마음의 습관들을 통해 아는 능력이기도 하다. 요가는 모든 사람들이 이 능력을 가지고 있으며, 이 능력은 당신을 구성하는 중요한 일부라고 가르친다.

당신은 자신의 호흡, 몸, 생각, 그리고 감정에 대한 내부의 안내에 귀 기울임으로써 이 능력을 계발할 수 있다. 요가, 특히 명상은 내적 지혜의 안내와 도움이 되지 않는 마음의 습관을 구분하는 법을 알려줄 것이다. 또한 요가는 당신의 몸이 건강해지기 위해 필요한 것과 통증으로부터 자유로워지기 위해 필요한 것이 무엇인지를 당신이 이해하도록 도움으로써, 당신의 자기-돌봄 본능(self-care instinct)을 발전시킨다. 당신이 이 내부의 안내와 다시 연결될 때, 당신은 삶에 닥친 도전에 맞설 수 있는 강한 힘과 깊은 통찰을 얻게 될 것이다.

환희

요가는 웰빙, 감사, 그리고 평화의 자연스런 감각상태를 나타내는 환희가 인간존재를 드러내는 가장 심오한 측면이라고 일깨워준다. 당신은 살아오면서 어느 특별한 순간에 이런 환희를 느껴보았을는지도 모른다. 어린 아이가 태어나거나, 해가 지는 광경을 목격하거나, 혹은 창조적인 작업에 직접 참여하여 깊게 몰두했을 때 등이 그런 순간이다. 이러한 순간의 경험은 외부의 조건에 의존하지 않는다. 이와 같은 특별한 순간에는 웰빙의 자연스런 상태와 연결되는 것이 매우 쉽다.

요가의 관점에서 보면, 환희는 당신이 진정한 본성이라고 말하는 것과 가장 가깝다. 그것은 당신의 생각, 감정, 그리고 현재의 조건에 의해 좌우되면서 빠르게 변했다가 사라지는 행복이 아니다. 그에 반해서, 이 순간에 평화를 느끼는 이 능력은 당신 존재의 본질이다. 이 내적 환희는 삶의 변화에 덜 휘둘리며, 잘못된 것을 바로잡거나 원하는 것을 구하려는 행위로부터 자유롭다. 만성통증이라 할지라도 당신이 고유하게 지니고 있는 이러한 능력을 없애지 못한다.

요가수련은 당신이 이와 같은 내적 환희와 다시 연결되도록 돕는다. 감사의 명상이든, 몸과 마음을 쉬게 하는 이완자세이든, 당신 몸의 에너지 흐름을 강화시켜주는 호흡 훈련이든 간에, 이들 모두는 당신을 웰빙의 자연스런 감각의 자리로 되돌리는 이로움을 안겨준다.

잠재인상(潛在印象, samskaras): 고통과 변화의 씨앗

만약 지혜와 환희가 호흡이나 몸만큼이나 분명한 당신의 일부라면, 어째서 이 자연스러운 상태와의 연결이 그렇게도 쉽게 끊어지는 것일까? 현대 과학과 요가 모두 이 질문에 같은 답을 내놓는다. 현재의 통증과 고통은 과거의 통증, 트라우마, 스트레스, 상실, 그리고 질병에 그 뿌리를 두고 있다는 것이다.

만성 통증과 고통은 때때로 과거의 경험에 기초한 학습된 반응이다. 현대 과학은 과거 경험으로부터의 학습과정을 설명하기 위해 신경가소성과 같은 용어를 사용하는 반면, 요가가 '삼스카라'라는 단어를 쓴다. 삼스카라는 현재 이 순간을 경험하는 우리의 방식에 영향을 주는 몸과 마음의 기억이다. 요가철학은 생각, 감정, 그리고 신체감각을 포함하는 당신의 모든 경험은 몸, 마음, 그리고 정신에 흔적을 남긴다고 가르친다. 각각의 경험은 삶에 관한 학습내용으로 쌓인다.

이러한 학습은 단지 당신이 경험했던 것에 대한 기억만은 아니다. 그것은 또한 당신이 새로운 경험에 어떻게 반응할 것에 대한 청사진이기도 하다. 삼스카라는 몸과 마음의 습관으로 당신이 과거의 경험과 행동을 더욱 반복하게 하고, 과거경험의 여과기를 통해 세계를 해석하게 된다. 이런 습관들은 똑같은 감정을 느끼게 하고, 똑같은 생각을 반복해 하게 되고, 심지어 똑같은 통증을 경험하게 하여 당신을 꼼짝못하게 만든다.

요가는 긍정적인 변화 과정이다

삼스카라가 항상 고통으로 귀결되는 것은 아니다. 긍정적인 변화로 이어지는 것 역시 가능하다. 트라우마, 질병, 통증, 그리고 스트레스의 경우처럼 몸과 마음에 흔적을 남겨서 긍정적인 경험으로 작용할 수도 있다. 이완, 안락, 기분 좋은 동작, 감사, 그리고 긍정적인 생각과 감정은 몸, 마음, 그리고 정신을 변화시킨다. 당신이 무언가를 실천하면 그것을 경험하게 되고, 실천한 대로 변화가 일어난다.

요가 수트라를 보면, 요가의 현자 파탄잘리(Patanjali)는 삼스카라를 어떻게 변화시킬 수 있는지에 관해 다음과 같이 조언한다. "만약 당신이 마음의 부정적인 습관으로부터 벗어나고자 한다면, 의도적으로 그것과 반대로 행동을 하라"(vitarka badhane pratipaksha bhavanam). 다른 말로 하면, 만일 당신이 오래된 습관으로부터 초래된 고통에서 벗어나고자 한다면, 뭔가 새로운 것을 실천할 필요가 있다.

요가는 오랜 시간에 걸쳐 증명된, 당신의 몸과 마음의 습관을 변화시킬 수 있는 하나의 시스템이다. 요가 수행은 고통으로 연결되는 삼스카라를 제거하고, 그것을 새롭고 긍정적인 몸과 마음의 습관으로 대체한다. 삼스카라를 변화시키는 요가의 접근법은 단순하면서도 쉽다. 첫째, 습관을 자각하고 그것이 어떻게 고통으로 이어지는지 알아차리는 것이며 둘째, 그것과 반대로 행동하고 그럼으로써 고통이 줄어드는 것을 알아차리는 것이다.

간단한 예를 들어보면, 습관적으로 목 주위를 긴장시키는 것이 학습되어 생겨난 통증으로부터 당신이 자유롭고자 한다고 상상해보자. 요가는 두 가지 점에서 당신을 도울 것이다. 첫째, 당신이 언제, 어디서 목을 포함해 몸을 긴장시키는지, 그리고 어떻게 그 긴장이 불편으로 이어지는지를 자각하는 것이다. 둘째, 목을 이완시키기 위해 어떻게 호흡하고 스트레칭할 것인지, 그리고 어떻게 당신의 몸이 더욱 더 긴장하도록 만드는 스트레스를 흘려보낼 것인지를 배우는 것이다.

이러한 과정은 이 책에 실린 모든 수행에 있어 기본이 되는 것이다. 모든 요가 수행은 몸, 마음, 그리고 정신에 새롭고 긍정적인 흔적을 남길 수 있는 하나의 기회이다. 우리는 만성적인 통증과 고통을 초래한 몸과 마음의 습관을 찾아내는 법을 당신에게 안내할 것이다. 당신은 각각의 습관을 떨쳐버리는 방법을 안내받을 것이며, 호흡과 동작, 이완, 혹은 명상을 통해 그 습관에 반대되는 치유적 습관을 의식적으로 실천할 것이다.

변화의 도구들

전통요가에는 변화를 일으키는 여러 도구들이 있다. 그리고 어느 것이 당신에게 가장 잘 맞는지를 찾아낼 최상의 방법은 그들 모두를 탐색해보는 것이다.

이 책에서, 만성통증에 대한 특별한 도전을 위해 채택된 여러 전통요가 수련들을 당신에게 소개할 것이다. 더불어, 이 수련들은 몸, 마음, 그리고 정신의 모든 측면을 다루며, 당신이 건강, 일체감, 그리고 행복의 상태를 재발견하도록 도울 것이다.

당신이 각 장의 실습들을 탐구할 때 자신의 직관이 이끌도록 맡겨라. 어떤 실습을 하다가 큰 울림이 느껴진다면 잠시 그 상태에 머물러라. 그리고 매일 그것을 수련해라. 그 실습을 통해 몸의 느낌, 생각, 감정 그리고 어떤 삶의 변화가 일어나는 지 알아차려라.

요가는 인간 경험의 다섯 가지 차원─몸, 호흡, 마음, 지혜, 그리고 환희─이 깊게 상호 연결돼있다고 가르친다. 고통을 끝내기 위해 당신은 어디서부터든 시작할 수 있으며, 치유의 힘이 몸, 마음, 그리고 정신의 각 단층(layer)을 통해 자체의 방식대로 작동하도록 허용할 수 있다. 호흡을 출발점으로 삼는 요가수련은 몸의 모든 시스템에 영향을 끼칠 것이다. 마음을 출발점으로 삼는 명상은 당신을 내면의 지혜에 접근하게 하고, 자연스런 환희의 상태와 다시 연결되도록 도울 것이다. 몸과 호흡을 출발점으로 삼는 동작수련은 마음을 가라앉히는 동작명상이 될 수 있다. 이책에 있는 어떤 수련도 요가의 온전한 치료효과를 풀어내는 열쇠가 될 수 있다.

당신은 통증을 관리하는 데 도움이 될 뿐더러 매력을 느끼는 수련들이 나타날 때마다, 차차 그들 요가수련들을 추가할 수 있다. 8장은 가장 치료효과가 큰 수련들에 기초해서 개인 수련 프로그램을 짜는 방법을 당신에게 알려줄 것이다.

제 자리로 돌아오기

만약 당신이 이 장에서 하나만 잊지 않고 기억하기를 희망하는 것은 지혜와 환희는 모두 인간 존재에게 있어 천부적이면서 고유한 것이라는 요가의 전제이다. 지혜와 환희는 몸과 마음에서 어떤 일이 일어나든 항상 현존할 수 있다. 이런 관점에서, 지혜와 환희는 단순히 좀 더 높은 수준의 마음작용 형태가 아니다. 당신의 내적 지혜와 환희는 생각, 감정, 그리고 신체감각의 끊임없는 움직임을 초월한다. 이것들은 인간본성의 핵심적인 모습이다. "통증이 있을 때조차 나는 이미 하나이며 치유됐다"라고 알 수 있고 말할 수 있는 것은 이러한 관점에서 오는 것이다. 요가(yoga)라는 단어는 산스크리트어 '유즈(yuj)'로부터 유래했는데, "결합"이라는 의미이다. 나는 요가수행을 하나의 재결합으로 생각하는 것을 좋아하는데, 당신의 진정한 본성을 경험할 수 있는 본래의 자리로 돌아오라는 초대를 말하는 것이다. 살면서 어떤 일을 만나든, 당신은 지금 이 순간 평화를 경험하며 당신 자신의 몸과 마음 안에서 안식할 수 있다.

Chapter 3 호흡

전통적인 요가의 언어에서, 호흡과 에너지 모두를 의미하는 한 단어는 프라나(prana)이다. 이것은 우연이 아니다. 매순간의 호흡은 몸에 산소를 공급해줌으로써, 당신이 하는 모든 행위와 몸이 필요로 하는 모든 것을 지원해준다. 당신이 어떻게 호흡하든, 호흡은 이미 당신을 생명과 연결하고 있다. 매순간의 들숨과 날숨은 노력이 거의 필요 없고 처방도 필요하지 않은 치유활동이라고 생각할 수 있다.

또한 호흡은 가장 쉽게 의식적으로 변화시킬 수 있는 스트레스 혹은 통증 반응의 일부분이다. 한 뇌세포에서 다른 뇌세포로 전달되는 통증신호를 의식적으로 차단하거나, 부신에서 분비되는 스트레스 호르몬을 멈출 수 있는 손쉬운 방법은 없다. 하지만, 천천히 그리고 깊게 호흡하는 방법은 쉽게 배울 수 있다. 호흡에는 그저 약간의 주의가 필요할 뿐이다. 당신 호흡의 작은 변화는 스트레스 호르몬을 줄이고 통증에 대한 민감성을 감소시키는 것을 포함하여 몸과 마음이 작동하는 방식에 있어서 큰 변화를 가져올 수 있다.

호흡의 변화를 통한 스트레스 혹은 통증 반응을 차단하는 것에는 호흡을 참거나 혹은 호흡과정에 어떤 기교를 부려야하는 학습이 필요하지 않다. 이 기술은 간단하고 쉬우며 또한, 어느 곳에서 어느 때라도 할 수 있다. 단지 호흡의 감각에 주의를 기울이는 것만으로도 스트레스를 감소시킬 수 있으며, 더 좋은 기분을 느낄 수 있게 된다고 연구보고서는 보여준다(Arch & Craske, 2006). 호흡으로부터 시작하는 것은 만성통증의 주기를 변화시키기 위한 출발로서 가장 완벽한 방법이다.

이번 장에서, 당신은 호흡이 통증을 완화하는 데 있어 왜 그렇게 중요한 도구인지에 관해 좀 더 배우게 될 것이다. 또한 당신은 다음과 같이 서로 다른 3가지 요가 호흡수련을 배울 것이다. (1) 호흡에 대한 자각, (2)유연한 동작과 스트레칭을 통한 편안한 호흡, (3)스트레스와 통증 감소를 위한 호흡기술들이 그것이다.

호흡은 몸과 마음 사이에 놓인 두 갈래 길이다

당신이 과도한 스트레스를 받고 있을 때 호흡에는 어떤 일이 일어나는가? 통증을 느끼고 있을 때는 어떤가? 만약 그동안 당신이 알아차리지 못했다면, 이제 주의를 기울이기 시작하라. 호흡이 스트레스와 통증이 나타나는 최초의 장소들 가운데 하나라는 것을 확실하게 알게 될 것이다.

전통요가는 호흡이 몸과 마음의 상태를 반영한다는 것을 오래 전부터 알고 있었다. 몸과 마음이 두려움, 분노, 슬픔, 질병이나 통증에 의해 휘둘릴 때, 호흡은 방해받게 된다. 사람에 따라서 통증과 스트레스는 호흡을 참거나 혹은 얕게 하든지, 아니면 호흡하는 데 곤란을 겪게 만든다. 이것은 전형적인 철회반응(withdrawal respons) 가운데 하나로, 신체가 통증이나 스트레스로부터 스스로를 보호하려는 시도이다. 또 다른 사람들의 경우, 통증과 스트레스는 빠른 호흡 혹은, 심지어 호흡항진까지 일으킨다. 이것이 바로 전형적인 응급반응인데, 신체가 위협과 싸우거나 도망가야 한다고 생각하면서 에너지를 모으는 것이다. 당신은 호흡이 통증이나 스트레스의 형태에 따라 두 가지 패턴을 따른다는 것을 알았을 것이다.

이러한 변화는 몸이 신체적이거나 정서적인 스트레스로부터 자신을 보호하기 위해 반응하는 정상적이며 본능적인 부분이다. 물론, 정상적이라는 것이 항상 건강하다는 의미는 아니다. 만약 당신이 만성적인 스트레스나 통증에 시달리고 있다면, 이런 호흡패턴이 정상일 수 있다. 이것이 이상적인 것은 아닌데, 왜냐하면 스트레스와 통증에서 비롯된 호흡패턴은 또다시 스트레스와 통증을 가져오기 때문이다. 이것은 또한 당신이 프라나의 자연스러운 흐름과 연결되지 못하게 하며,

당신에게 필요한 만큼의 에너지를 공급하는 몸의 능력을 방해할 수 있다.

이런 식으로 할 필요가 없다. 당신은 통증이나 스트레스에 처했을 때 의식적으로 호흡을 이완시키는 법을 배울 수 있다. 당신의 호흡이 이완될 때, 신경계는 당신이 안전하고 편하다는 메시지를 받는다. 이런 메시지는 전체적인 응급 통증—스트레스 반응을 억제하거나 없앨 수 있는 수많은 몸과 마음의 변화에 불을 당긴다. 그 결과, 당신의 기분은 곧바로 회복되며, 몸과 마음은 통증과 스트레스에 좀 더 건강하게 반응하는 방법을 익힌다.

몸과 마음의 상태를 변화시키기 위한 호흡의 활용

호흡하는 방법과 느끼는 방식 간의 두 갈래 연결은 환희, 분노, 슬픔, 그리고 두려움 속에서 호흡이 어떻게 변화하는지를 관찰한 한 연구를 통해 분명하게 드러났다(Philippot, Chapelle, Blairy 2002). 이 연구자들은 참여자들에게 이들 4가지 감정을 유발시킨 다음 호흡의 수, 깊이, 움직임, 그리고 긴장 및 그 밖의 다른 측면들을 측정하였다. 그들은 각각의 감정에 대해 특성적인 변화가 일어나는 것을 관찰했다. 예를 들어, 환희는 안정되고 부드러우며 느리면서도 깊게 이완된 호흡과 연관됐다. 대조적으로, 슬픔은 불규칙적이고 얕으며 긴장된, 한숨과 전율이 뒤섞인 호흡과 연관됐다.

두 번째 연구에서, 연구자들은 각각의 감정에 대한 관찰에서 호흡지침으로 관심을 돌렸다. 그들은 참여자들에게 호흡패턴이 특정한 감정과 연관돼있다는 어떤 힌트도 주지 않은 채, 지침에 따라 호흡을 변화시키게 하였다. 다른 정서적 실마리나 촉발이 일어나지 않는다 해도, 호흡패턴은 그 자체로 자신과 연관된 감정을 만들어낸다는 것이 이 연구를 통해 신뢰할 만한 수준으로 밝혀졌다.

이들 연구와 또 다른 유사한 연구를 통해, 당신이 이 책에 실린 호흡 수련들을 실천했을 때 자신의 몸과 마음에서 관찰할 수 있는 것들이 확인됐다. 호흡은 만성적인 통증과 스트레스를 강화시키는 악순환의 고리를 차단할 수 있는 강력한 도구다. 당신이 안정과 안전, 그리고 기쁨의 감정을 가져다주는 방식의 호흡을 배운다면, 고통이 찾아왔을 때 이들 경험을 실제로 선택할 수 있다.

호흡에 대한 직접적인 자각

당신이 호흡할 때, 몸으로 들어오고 나가는 호흡의 움직임과 당신 몸의 움직임에 주의를 기울여라.

실습 :　• 언제나 건강, 안녕, 그리고 살아있다는 기쁨에 주의를 기울여라.

　　　• 스트레스나 통증이 찾아오면, 주의를 다른 곳으로 돌리고 안전과 조절, 그리고 좀 더 편안한 감각을 경험하기 위해 노력하라.

　　　• 짧을 땐 1분, 길 땐 하고 싶은 만큼 하라.

당신은 자신이 호흡하고 있다는 것을 안다. 그렇지만 당신은 자신의 호흡을 느낄 수 있는가? 호흡이 들어와서 코, 입, 목을 통하여 몸을 통과하는 것을 느끼는가? 당신은 들숨과 날숨에 따라 아랫배가 움직이는 것을 느낄 수 있는가? 호흡의 자각이라는 것은 호흡하는 것이 어떤 느낌인지 주의를 기울이는 훈련 그 이상은 아니다.

이것이 단순하게 들리고 그다지 흥미롭게 들리지 않을 수도 있지만, 당신이 호흡에 더 주의를 기울일수록, 더 많은 것을 발견할 것이다. 호흡의 감각에 집중함으로써, 당신은 또한 주의를 집중할 몸의 감각대상을 선택하는 법을 배우고 있는 것이다. 이 기술은 당신이 통증을 겪고 있을 때 아주 큰 가치를 발휘할 수 있다. 본능적으로 마음이 통증감각에 끌려갈지라도, 다른 감각에 더 주의를 기울인다면 마음은 안정될 수 있다. 이 과정에서 호흡의 자각은 놀라울 정도로 마음과 몸을 진정시킨다.

시작하기

호흡 자각은 어떤 자세에서도 연습할 수 있지만, 편안하게 앉은 자세가 주의집중을 지속하는 데 가장 유용하다는 것을 알게 될 것이다. 당신은 의자에 바른 자세로 앉거나 바닥에 가부좌로 앉을 수 있다. 이때 엉덩이를 받쳐주기 위해 방석을 활용한다.

호흡을 통제하려는 어떤 노력도 하지 않은 채 자연스럽게 호흡하라. 당신은 알아차리는 것 이외에는 어떤 시도도 하지 않는다. 호흡에는 단 하나의 정도(正道)만 있는 것은 아니다. 당신이 호흡을 더 잘 알아차릴수록, 미세한 호흡의 변화를 관찰할 수 있을 것이다. 호흡은 점점 느려지고 깊어지며, 단순해져서 더욱 쉽게 느껴질 것이다. 의도적으로 호흡을 이렇게 만들기 위해 긴장하거나 노력하지 말고, 이런 일들이 자연스럽게 일어나도록 허용하라. 만약 반대의 경험이 일어나고 호흡에 집중하는 것이 스트레스가 된다면, 당신은 언제라도 호흡에 주의두기를 중단할 수 있다.

아래의 지시문은 당신으로 하여금 호흡에 대한 특정한 감각을 알아차릴 수 있게 해줄 것이다. 처음으로 이 지시문을 읽을 때는 당신이 할 수 있는 만큼 각 지시대로 시도해보아라. 당신의 몸 느낌을 탐색하고, 잠시 호흡하는 동안 당신의 주의를 그 느낌에 머물게 했다가, 마음이 움직이면 다른 몸 느낌으로 주의를 옮겨라. 당신은 자신의 호흡과 그 호흡의 느낌을 차츰 알아갈 것이다. 이 첫 번째 시도는 음식을 주문하기 전에 메뉴를 정독하고, 샘플을 음미하는 것과 같다.

이 첫 정독이 끝나고 난 다음, 호흡에 대한 자각을 훈련하는 가장 좋은 방법은 다만 눈을 감고, 당신이 알아차리는 것을 알아차리는 것이다. 당신은 주의를 집중할 수 있는 어떤 감각을 얻게 될 것이며, 체크포인트를 찾아낼 필요는 없다. 단지 호흡할 때 어떻게 느껴지는지에 주의를 기울여라. 스스로 자신과 생명을 연결하는 에너지의 자연스러운 흐름을 느껴 보아라.

규칙적인 수련을 통해, 당신은 아랫배의 팽창, 혹은 코로 숨이 들어오고 나가는 느낌과 같은 어떤 신체감각이 마음을 고요하게 하며, 당신을 몸 본연의 자리로 돌아오게 한다는 것을 발견할 것이다. 그렇게 되면, 당신은 호흡자각을 수련하면서 오로지 이들 감각에만 주의를 집중할 수 있는 능력을 터득하게 된다.

호흡이 어떻게 몸의 안팎으로 움직이는지 알아차려라

매 호흡이 일어날 때마다 그것을 알아차리는 것으로부터 시작하라. 당신이 숨을 들이마실 때, 숨을 들이마신다는 것을 알아차려라. 숨을 내쉴 때, 숨을 내쉰다는 것을 알아차려라. 마음속으로 "들숨, 날숨"이라고 말하면서 집중할 수도 있다. 분명하면서도 편안하게 당신의 주의가 호흡에 자리를 잡을 때까지 이것을 계속하라.

이제, 당신이 코로 호흡하는지 아니면 입으로 호흡하고 있는지를 알아차려라. 호흡이 몸으로 들어오고 나가는 것을 알아차려라. 그리고 호흡이 코, 입, 목구멍을 통과하면서 움직이는 그 감각을 느껴보아라. 목구멍, 턱, 입 혹은 얼굴에 어떤 긴장이 느껴지는지 알아차려라. 할 수만 있다면, 그들을 이완으로 초대하라. 호흡에서 어떤 소리가 들리는가? 만약 그렇다면, 그것은 다른 사람들이 들을 수 있는 밖으로 나는 소리인가, 아니면 당신만이 들을 수 있는 안으로 나는 소리인가? 어떤 소리가 들린다면, 잠시 호흡하면서 그 소리에 귀를 기울여라.

몸이 어떻게 호흡과 함께 움직이는지를 알아차려라

이제 당신의 손을 아랫배에 올려놓아라. 호흡할 때마다 어떤 일이 일어나는지 알아차려라. 숨을 들이마실 때 아랫배가 팽창하고, 숨을 내쉴 때 수축하는 것을 느끼는가? 당신의 손을 통해 아랫배의 움직임을 느낄 수 있는가? 아랫배의 복부 근육이나 피부가 숨을 들이마실 때는 늘어나고, 숨을 내쉴 때는 수축하는 것을 느낄 수 있는가?

이어서 당신의 손을 흉곽에 올려놓고, 흉곽이 호흡과 함께 어떻게 움직이는지 알아차려라. 흉곽이 확장하였다가 수축하는 것을 느낄 수 있는가? 인내심을 가져라. 당신의 손이 어디에 놓여있든 호흡할 수 있다고 생각하라. 몸의 움직임에 의한 어떤 신체감각이라도 손이 들을 수 있게 하라. 그런 다음, 당신의 의식을 흉곽 자체의 감각으로 옮겨가라. 숨을 들이마시면서, 흉곽이 확장하고 근육과 피부가 늘어나는 것을 느껴라. 숨을 내쉬면서, 흉곽이 수축하고 근육과 피부가 줄어드는 것을 느껴라.

이제 당신의 가슴에 한 손을 올려놓으면서 가슴이 어떻게 호흡과 함께 움직이는지 알아차려라. 숨을 들이마시면서 가슴이 부드럽게 확장하고, 숨을 내쉬면서 가슴이 수축하는 것을 느낄 수 있는가? 당신은 손바닥과 가슴 양쪽 모두에서 이것을 느낄 수 있는가? 상부 흉곽이 확장하면서 내부에 있는 폐 역시 확장되는 것을 알아차려라.

마지막으로, 편안하게 느껴지는 곳에 당신의 손을 두어라. 호흡하면서 몸 안으로 들어오고 몸 바깥으로 나가는 공기의 전체적인 움직임과, 몸의 전체적인 움직임을 알아차려라. 들숨과 날숨에서 느껴지는 각각의 감각을 알아차려라. 이것은 생명을 유지하는 에너지와 연결되어 있다. 당신에게 필요한 것은 이것을 기꺼이 맞이하는 일이다. 당신의 주의를 온전히 호흡에 둠으로써, 당신은 몸이 치유와 이완이 일어나는 방식으로 호흡할 수 있게 만들 수 있다.

크리스틴(Christine)의 이야기: 통증의 한 가운데에서 자유 찾기

갈등-조정 및 인력 관리부장으로서, 크리스틴(Christine)은 다른 사람의 문제와 스트레스를 처리하면서 근무시간을 보냈다. 오후 6시, 녹초가 된 채 스스로 "두 번째 업무"라고 부르는 집안일로 돌아와, 나날이 의존적이 되어가는 늙은 시어머니를 모셔야 했다.

크리스틴은 10대 때부터 편두통을 계속 앓아왔지만, 편두통은 점점 더 심해지는 듯했다. 크리스틴에게 편두통은 마치 폭력처럼 느껴졌다. 그 통증이 머리 내부에 있었기 때문에, 은밀하면서도 동시에 굉장히 침습적인 것처럼 느껴졌다. 그녀는 편두통에 온통 정신을 빼앗겨, 집중을 요하는 일에 전념할 수 있는 능력을 발휘하지 못했다. 이 상황을 크리스틴은 "마치 편두통이 내 머리를 쥐어짜면서 눌러앉아 있는 것 같다"라고 묘사했다. 그녀는 통증이 몸의 다른 부위 예컨대 팔, 다리 등과 같은 곳에 있어서 사고 능력이나 자아감각과 특별한 연관이 없다면 그렇게 나쁘지 않을 것 같기도 하다고 생각하였다.

크리스틴이 요가로부터 가장 원했던 것은 두통이 찾아왔을 때 여유와 자유를 되찾는 것이었다. 통증은 말 그대로 "그녀 머리 안에" 있었기 때문에, 호흡자각과 같은 단순한 명상이 크리스틴에게 호소력이 있었다. 그녀는 그것을 "두통으로부터 마음 되찾기"라고 불렀다.

호흡자각을 하는 동안, 크리스틴에게 자유의 느낌을 주었던 것은 호흡과 함께 움직이는 아랫배의 신체감각이었다. "그것은 나의 중심에서 자각이 일어나게 했다. 나는 항상 나의 일부분으로서의 '나'가 머릿속에 있는 것처럼 느꼈다. 내가 아랫배의 움직이는 호흡에 집중할 수 있었을 때, 나는 집중된 자아감각을 가졌다." 통증은 사라지지 않았지만, 그녀는 마치 라디오의 볼륨을 줄이는 것과 유사하다고 표현했다. 통증 이외의 다른 것에 주의를 기울이는 것이 가능해졌다.

크리스틴은 또한 집과 직장에서 긴장이 일어나는 순간 호흡자각을 활용할 수 있다는 것을 발견했다. 이는 갈등과 어려운 결정의 순간에 비켜서지 않고 그 한가운데에 머물 수 있게 해주었다. 그녀는 이것을 다른 사람의 혼돈 속으로 같이 빠지지 않는 것이고, 스트레스 상황이 그녀의 에너지를 빼앗아 가도록 허용하지 않는 것이라고 표현했다.

이것이 바로 호흡자각이다. 호흡자각은 당신을 몸과 마음의 자리로 되돌려놓을 수 있으며, 당신이 바로 지금 존재하는 통증, 스트레스, 혹은 고통이 아니라는 것을 일깨워줄 수 있다. 호흡은 폭풍 속에서 당신을 지탱해주고 안전을 확보해주는 닻일 수 있다. 또한 호흡은 통증을 포함하여 많은 에너지를 빼앗길 수 있는 상황에서, 당신이 프라나와 다시 연결되도록 도울 수 있다.

앞으로 자신의 에너지가 부족하다고 느낄 때마다, 호흡자각 수행을 실천하라. 기억해야할 것은 이미 프라나가 당신 몸 전체로 흐르고 있다는 사실이다. 이것을 느끼기 위해 호흡을 더 잘하거나 더 깊이 할 필요는 없다. 단지 멈추어 1분 동안 주의를 집중하라.

자유롭게 호흡하기

호흡의 긴장을 내려놓기 위한 부드러운 스트레칭과 동작

실습: • 언제든지 건강한 호흡습관을 실천하기 위하여
 • 혼자서 요가수련을 할 때나, 긴 요가수련을 시작할 때

전체 수련은 5분에서 10분 정도 걸릴 것이다. 짧은 수련에서는 개별적인 스트레칭을 따로 할 수도 있다.

당신이 날마다 웰빙할 수 있는 최고의 방법 중 하나는 노력과 긴장을 적게 들이면서 호흡하는 법을 배우는 것이다. 호흡할 때의 긴장은 통증과 스트레스를 강화할 수 있지만, 이완된 호흡은 당신이 안전하며 좋은 상태라는 메시지를 마음과 몸에 지속적으로 보낸다. 호흡에서 긴장을 내려놓으면, 당신은 특별한 노력을 하지 않고도 깊고 부드럽게 호흡하게 된다.

호흡의 긴장은 어디에서 오는가? 대부분 몸의 만성적 긴장에서 온다. 당신의 아랫배, 등, 가슴, 어깨, 그리고 목 등이 긴장하고 있을 때, 호흡근육 및 폐의 정상적인 활동은 위축된다. 아랫배, 등, 가슴, 어깨, 그리고 목이 불필요한 긴장에서 해방될 때, 호흡은 자연스럽게 일어난다.

부드러운 스트레칭은 숨이 트이게 하는 최고의 방법이다. 이것을 이해하기 위해, 풍선을 부는 데 무엇이 필요한지 생각해보아라. 당신이 가방에서 새 풍선을 꺼낼 때, 그 풍선은 펼쳐진 상태가 아니다. 당신이 그 풍선을 불려고 하면, 아주 많은 저항에 부딪칠 것이다. 아무리 당신이 열심히 불어도, 그 풍선은 완전히 부풀어 오르지 않는다. 하지만 당신이 잠시 풍선을 늘린 다음에 불게 되면, 풍선이 더 쉽게 확장하는 것을 발견할 것이다. 몸과 호흡도 똑같다. 즉, 당신이 근육긴장과 같은 외적 저항을 내려놓을 때, 호흡은 훨씬 적은 노력으로 "부풀어 오를" 수 있다. 당신은 아주 쉽게 깊은 호흡을 경험하게 될 것이다.

호흡을 자유롭게 하는 데 그저 몇 분이 소요될 뿐이지만, 그것은 몸과 마음 양쪽 모두에 강력한 영향을 미친다. 이로 인해 자유로운 호흡 수련은 매일 아침의 완벽한 개인 수련으로 실천할 수도 있고, 직장에서의 짧은 휴식을 통해 하루 동안 쌓였던 긴장을 내려놓는 데도 활용할 수 있다. 이것은 또한 더 긴 요가를 수련할 때 도입부에서 훌륭하게 활용할 수도 있다.

다음의 간단한 동작들과 스트레칭들은 호흡을 제한하는 긴장을 내려놓는 데에 도움을 줄 것이다. 당신이 처음으로 이들 스트레칭을 연습할 때, 호흡하면서 어느 지점에서 습관적으로 긴장하는지 알아내는 데 이것을 이용할 수 있다. 각 스트레칭을 시행하기 전과 후에, (사진에서처럼)스트레칭에 의해 호흡이 트이는 곳이라고 예상되는 몸 부위에 양손을 올려놓아라. 자연스럽게 그러나 참을성 있게 숨을 들이마시고 내쉬어라. 의도적으로 깊게 호흡하기 위해 애쓰지 마라. 호흡할 때 이 부위가 확장하는지 혹은, 수축하는지를 알아차려라. 호흡이 흘러가는 것처럼 느껴지는가, 아니면 정지된 것처럼 느껴지는가?

만일 몇 번의 호흡이 흘렀는데도 어떤 움직임도 느끼지 않았다면, 그것은 당신이 이 부위에서 긴장을 유지하고 있다는 신호이다. 이 부위를 스트레칭하면서 부드럽게 움직이면, 숨을 들이쉴 때 이 부위가 팽창하면서 긴장이 풀어지게 된다. 이 부위를 스트레칭해준 후 호흡하면서 이 부위에 더 많은 움직임이 있는지 없는지를 반복하여 확인하여라. 그렇게 하면, 이것은 당신의 정규 수행을 위한 훌륭한 실습이 될 것이다.

만약 어떤 변화도 느껴지지 않고, 호흡할 때 여전히 움직임이 없다면, 이 부위가 숨을 들이 쉴 때는 이완되면서 확장하고, 숨을 내쉴 때는 풀어지면서 가라앉는다고 상상해 보아라. 몸과 마음의 습관을 바꾸고자 할 때 심상(imagination)은 강력한 도구가 되는데, 거기에 어떤 강요나 투쟁이 필요하진 않다.

척추 움직이기

이완: 아랫배와 등의 긴장을 풀어준다.

들숨: 가슴이 위로 올라가도록 하기 위해 어깨를 펴고, 등을 조금만 구부리기 위해 척추를 위로 당김으로써 몸의 앞쪽을 늘려준다. 숨을 들이쉬는 동작은 간결해야 하고, 가슴과 아랫배가 더 깊게 스트레칭 돼야 한다.

날숨: 척추를 둥글게 말아주고 등을 늘려주기 위해 가슴과 아랫배를 끌어당김으로써 몸의 뒤쪽을 늘려준다. 숨을 내쉬는 동작은 간결해야 하고, 등이 더 깊게 스트레칭 돼야 한다.

이 과정을 자유호흡 훈련으로 만들어주는 것은 단지 두 단계의 스트레칭이 아니라, 들숨과 날숨 과정에서 당신이 어떻게 호흡과 함께 움직이느냐에 달려있다. 각각의 들숨과 날숨으로부터 그 움직임을 시작하고, 몸이 스트레칭 될 수 있게 유도하라. 그리고 호흡이 끝나면서 움직임이 마무리되고 깊은 스트레칭이 일어나게 하라. 호흡과 함께 이루어지는 두 단계의 스트레칭에서 자연스러운 리듬을 찾아내라. 5분에서 10분 동안 호흡을 반복하라.

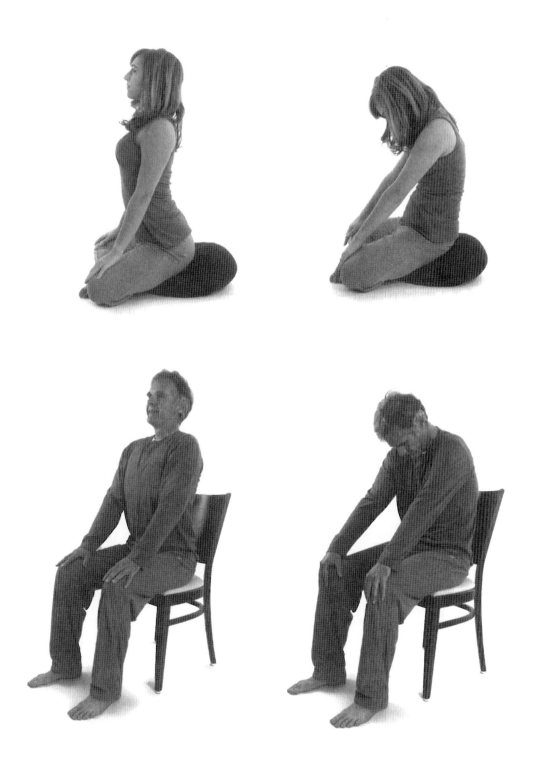

앉은 자세에서 앞으로 구부리기

이완 : 등의 긴장을 풀어준다.

앉은 자세에서 편안함이 유지되는 정도까지 몸을 앞으로 숙이고, 양팔과 베게, 혹은 기댈 수 있는 어떤 보조물에 몸을 의지한다. 아랫배와 등에서의 호흡의 움직임을 느껴라.

5번에서 10번의 호흡을 할 때까지 자세를 유지하라.

척추 움직이기와 앞으로 구부리기가 끝나면, 앉은 자세로 돌아가라. 아랫배에 손을 얹은 상태에서, 숨을 들이쉴 때 아랫배가 팽창하고 숨을 내쉴 때 아랫배가 수축하는 것을 느껴라. 아랫배와 등에서의 호흡의 움직임을 즐겨라.

가슴 확장

이완 : 가슴과 어깨의 긴장을 풀어준다.

양손을 낀 상태로 등 뒤에서 마주잡거나, 양손을 뒤로 하여 등 뒤에 있는 의자의 끝을 잡는다. 가슴을 열어주기 위해 양어깨의 날갯죽지를 뒤로 잡아당긴다. 가슴과 만나는 팔 윗부분이 스트레칭 되는 것을 알아차려라. 가슴에서 호흡을 느끼고, 호흡에 의해 몸의 안팎이 늘어나는 것을 느껴라. 숨을 들이쉴 때마다 폐와 심장이 팽창하는 것을 상상하라.

5번에서 10번의 호흡을 할 때까지 자세를 유지하라.

목 스트레칭

이완 : 목과 어깨의 긴장을 풀어준다.

귀를 어깨 쪽으로 떨어뜨린다. 손은 쇄골 바로 아래쪽 가슴위에 얹어놓는다. 손에서 느껴지는 호흡의 미세한 움직임을 알아차려라.

5번에서 10번의 호흡을 할 때까지 자세를 유지하라.

가슴과 목의 스트레칭이 끝나면, 양손을 가슴 위에 얹어놓는다. 호흡이 양손으로 흐른다고 상상하라. 숨을 들이쉴 때 가슴이 팽창하는 것을 느껴라. 숨을 내쉴 때 가슴이 수축하는 것을 느껴라. 그리고 나서 한 손을 아랫배에 가져간 다음 숨을 들이쉴 때 가슴과 아랫배가 팽창하는 것을 느끼고, 내쉴 때 수축하는 것을 느껴라. 몸의 앞쪽에서 느껴지는 호흡의 움직임을 즐겨라.

등 위쪽 스트레칭

이완 : 등 위쪽과 어깨의 긴장을 풀어준다.

몸 앞쪽에서 양손을 낀다. 양팔을 앞으로 쭉 뻗고, 양손바닥을 바깥으로 한 다음 어깨의 날갯죽지가 펴지도록 앞으로 밀어준다. 턱은 가슴 방향으로 떨어뜨린다. 등 위쪽의 호흡의 움직임을 느껴라. 호흡에 의해 몸의 안팎이 늘어나는 것을 느껴라. 등 쪽의 갈비뼈 바로 아랫부분에 있는 폐가 확장하는 것을 상상하라.

5번에서 10번의 호흡을 할 때까지 자세를 유지하라.

등 위쪽의 스트레칭이 끝나고 나면, 양손으로 가슴을 엇갈려 감싼 다음 자신을 껴안아줘라. 알아차림을 등에 둔 상태에서, 호흡이 등을 타고 흐른다고 상상하라. 양팔이 감싸고 있는 가슴이 팽창하는 것을 느껴라. 숨을 들이쉴 때 가슴과 등이 확장하고 내쉴 때 수축하는 것을 느끼면서, 가슴과 등을 타고 흐르는 호흡의 움직임을 즐겨라.

옆구리 스트레칭

이완 : 흉곽과 옆구리 근육의 긴장을 풀어준다.

몸을 한쪽으로 기울이면서 옆구리가 스트레칭 된다고 느껴질 때까지 척추와 흉곽을 구부린다. 손이나 팔꿈치로 몸을 지탱하라. 옆쪽 늑골을 타고 흐르는 호흡의 흐름을 느끼면서, 호흡이 몸의 안팎을 스트레칭 하도록 허용하라.

5번에서 10번의 호흡을 할 때까지 자세를 유지하라.

옆구리 스트레칭이 끝나면, 방금 스트레칭 했던 옆쪽 늑골이나 허리에 한 손을 올려놓아라. 호흡이 당신의 손으로 이어진다고 상상하라. 숨을 들이쉴 때 옆구리가 늘어나는 것을 느껴라. 숨을 내쉴 때 옆구리가 수축하는 것을 느껴라. 옆구리로 흐르는 호흡의 움직임을 즐겨라. 반대쪽 옆구리도 똑같이 시행하라.

몸 전체로 호흡 느끼기

편안한 자세에서 수련을 마무리하라. 눈을 감은 채 숨 쉴 때마다 움직이는 당신 몸의 신체감각을 즐겨라. 호흡하고 스트레칭 하는 이 시간을 몸이 어떻게 느끼는지 알아차려라. 수련 이전과 비교해 당신의 호흡에 달라진 점이 있는가?

환희의 호흡

얼굴에 부드러운 미소를 머금고 심장이 팽창한다고 상상하면서 아랫배, 흉곽, 그리고 가슴으로 호흡하라.

실습 : • 언제든 당신의 진정한 본성인 내면의 기쁨과 다시 연결한다.

• 열 번을 호흡하거나, 필요하고 도움이 되는 만큼 호흡한다.

환희의 호흡은 당신의 호흡의 질을 변화시킴으로써 마음의 상태를 바꿀 수 있는 간단한 수련법이다.

편안한 자세로 몸을 똑바로 세운 채 바닥에 앉거나 일어서라. 양손을 당신의 심장에 얹고 양손에서 느껴지는 호흡의 자연스러운 흐름을 알아차려라. 얼굴, 목, 그리고 어깨의 긴장을 풀어놓아라.

숨을 들이쉴 때, 숨이 배의 아래쪽과 위쪽, 그리고 흉곽, 가슴으로 확산하는 것을 느껴라. 마치 아랫배에서 시작한 파도가 심장에서 최고조에 달한다는 느낌으로 몸의 각 부위가 부드럽게 팽창하는 것을 느껴라. 인내심을 가지고 들이쉬면서, 호흡과 함께 편안하게 온전하고 밝게 빛나는 느낌이 들 때까지 계속해서 들숨을 받아들여라. 숨을 내쉴 때, 힘들이지 않고도 숨이 나가도록 허용하라. 입을 열어 가볍게 내쉼으로써 날숨을 쉽게 할 수도 있다. 들숨, 날숨 모두 긴장 없이 이루어져야 한다. 각각의 호흡을 열린 마음으로 받아들이며 환영하고 있다는 느낌을 가져라. 얼굴에 가벼운 미소를 머금어라.

호흡과 느낌으로 연결되고 나면, 눈을 감아라. 양손 바로 밑에 있는 심장을 느껴라. 다음의 이미지들 가운데 하나를 심장의 중심에서 떠올려라: 폐 사이에 놓인 당신의 물리적인 심장; 밝게 빛나는 태양; 아니면 당신이 좋아하는 색깔을 띤 공모양의 빛. 그것이 숨을 들이쉴 때 팽창하고 내쉴 때 수축한다고 상상하라. 그것이 팽창하고 수축하는 느낌뿐 아니라, 팽창하고 수축하는 그것의 영상 이미지와도 자신을 연결하라.

안도의 호흡(the relief breath)

들숨에 넷을 세고 날숨에 여덟을 셀 때까지 호흡의 길이를 자연스럽게 늘여라.

실습 : • 통증이나 스트레스가 찾아왔을 때, 안전하고 통제 가능하며 좀 더 편안하다는 느낌을 발견한다.

• 필요할뿐더러 도움도 된다면 압박감이나 번민이 없다는 것을 확인하다. 어떤 불편함이나 압박감이 일어나면, 이완되고 자연스러운 호흡으로 돌아와라.

안도의 호흡은 당신으로 하여금 통증 상황이나 정서적인 과부하를 이겨내도록 도움을 준다. 이 호흡 기법은 만성통증이 찾아왔을 때뿐만 아니라 공황발작, 의료과정, 급박한 비행 상황, 그리고 당신이 상상할 수 있는 어떤 스트레스 상황에서도 사람들이 안정감을 잃지 않고 대처할 수 있도록 도움을 줘왔다.

안도의 호흡은 두 가지 중요한 방식에 의해 통증, 고통, 그리고 스트레스를 줄여준다.

1. 천천히 들이쉬고 길게 내쉼으로써, 이완반응을 불러일으키고 응급 스트레스 반응을 차단한다.

2. 이 호흡을 통해 마음은 보다 조절하기 쉬운 것에 집중할 수 있다. 이렇게 함으로써, 몸과 마음이 위협이나 통증에 덜 민감하도록 만드는 안전감이 생긴다.

> 날숨에서의 의도적인 긴장, 들숨에서의 이완

천천히 내쉬기 시작한다. 이렇게 하는 가장 손쉬운 방법은 마치 빨대를 물고 있는 것처럼 입술을 오므리고 내쉬는 것이다. 빨대를 통해 천천히 숨을 내보낸다고 상상하라. 날숨을 천천히 그리고 고르게 유지하기 위해 복부 근육을 활용하라. 내쉴 때 아랫배를 안쪽으로 당겨라.

들이쉴 때는 오므린 입술을 닫고 아랫배의 긴장을 내려놓아라. 이 단순한 이완동작을 통해, 당신은 몸에 어떤 힘도 가하지 않은 채 코로 들어온 숨을 온몸으로 보낼 수 있을 것이다. 빠르게 그리고 쉽게 들숨이 아랫배로 퍼져나가게 하라.

여러 차례 반복하라. 날숨은 어떤 압박감이 없으면서도 의도적이고 완전한 느낌으로 내쉬고, 들숨은 힘을 뺀 이완의 느낌으로 마신다.

호흡 수 세기

날숨을 들숨보다 길게 하는 것이 안도 호흡의 두 번째 단계이다. 들숨과 날숨의 길이를 측정하라. 이미 날숨이 들숨보다 느려졌을 것이다. 예를 들면, 들이쉴 때 3을 세지만 내쉴 때 5를 셀 수 있다.

몇 차례의 들숨과 날숨이 끝나고 나면, 들숨에 비해 날숨을 두 배 정도 천천히 하는 것으로 옮겨가라(예를 들어, 들숨에 4를 세고, 날숨에 8을 센다). 이 기법에서의 핵심은 날숨을 억지로 하거나 억압하지 않는 것이며, 들숨을 빨리 해 숨을 헐떡이지 않는 것이다. 차분함을 잃지 말고, 다만 완전히 내쉬겠다는 것만 명심하라. 만약 당신이 억지로 날숨을 늘리려한다면, 안도호흡의 본래 의미와는 정반대로 더 많은 스트레스가 당신에게 생겨날 뿐이다. 만약 편하게 느껴지지 않는다면, 1대 2의 비율을 고집하지 마라. 편안함을 유지한 상태에서 들숨보다 날숨을 한 숫자 정도 늘릴 수 있다면, 혹은 날숨과 들숨의 길이가 같다면 그렇게 하는 것도 상관없다.

자신의 일정한 리듬을 파악했으면, 오직 코를 통해서만 들이쉬고 내쉬기 위해 노력하라. 만약 당신이 입을 다문 채 일정한 날숨을 천천히 유지할 수 있고 이완된 들숨을 쉽게 할 수 있게 되면, 이제 그것을 계속하라. 만약 그렇지 못하면, 오므린 입술로 하는 날숨으로 돌아가라. 날숨을 길게 하면서 통증, 스트레스, 그리고 당신이 원치 않는 어떤 것이 사라진다고 상상하라.

안도호흡은 당신이 원하는 시간만큼 할 수 있지만, 대개 그 효과는 날숨을 길게 한 다음의 몇 분 동안에 찾아온다. 만약 숨을 붙잡거나 통제하는 자신을 발견하면, 이완된 자연 호흡으로 돌아가라.

안도호흡에 치유명상을 추가하는 변화를 주고 싶다면, 들숨과 날숨을 세는 대신에 요가 '만트라'(mantra, 치유 문구)를 활용할 수 있다. 4와 8을 세지 않고, 들이쉬면서 네 음절의 만트라(예, 사-타-나-마 혹은 옴 산티 옴)를 속으로 읊조리고, 내쉬면서 다시 두 번 반복할 수 있다. 여러 만트라의 발음과 의미를 알고 싶다면 7장을 참조하라.

균형 호흡

1. 교호 호흡 : 오른쪽 코로 들이쉬고, 왼쪽 코로 내쉰다. 그리고 나서 왼쪽으로 들이쉬고, 오른쪽으로 내쉰다. 좌우를 번갈아 가며 10회 반복하라(20번 호흡). 어떤 불편함이나 부담감이 느껴지면 이완된 자연호흡으로 돌아가라.

2. 이미지화하기 : 코를 교대로 막으면서 호흡하는 모습을 상상하라. 오른쪽 코와 오른쪽 몸 전체를 이용해 들이쉬고 내쉬는 모습을 그려보라. 영상을 바꿔서, 왼쪽 코와 왼쪽 몸 전체를 이용해 들이쉬고 내쉬는 모습을 그려보라. 열 번의 호흡을 하는 동안 오른쪽과 왼쪽을 번갈아 교대한다. 몸 전체로 흐르는 호흡의 이미지를 그려보면서 양쪽 코로 호흡하라.

실습 : • 통증이나 스트레스가 찾아왔을 때, 안전하고 통제 가능하며 좀 더 편안하다는 느낌을 발견한다.
        • 잠자리에서(이미지화하기), 스트레스나 통증으로 인한 불면증을 이겨낸다.

균형호흡은 특히 스트레스를 줄이는 데 효과가 있다. 산스크리트어로 '나디 쇼다나'(nadi shodana) 라고 하는데, "에너지 정화"라는 의미를 담고 있다. 이것은 단지 요가만의 이야기가 아니며, 연구에 의하면 이 호흡법이 스트레스를 날려주고 혈압과 심박수를 낮춰준다는 보고가 있다 (Upadhyay Dhungel과 동료들 2008 ; Srivastava, Jain, 그리고 Singhal 2005). 당신이 균형호흡을 수련한다면, 마음의 평화가 찾아오고, 몸은 편안해지는 것을 발견하게 될 것이다.

시작하기

시작하면서 당신의 오른손을 그림과 같은 위치로 가져간다. 다섯 손가락을 모두 펼쳤다가 검지와 중지 손가락을 손바닥 안쪽으로 접는다. 이제 엄지, 약지, 그리고 새끼손가락만 펼쳐져 있다. 엄지손가락은 오른쪽 콧구멍을 막는 데 쓰고, 약지와 새끼손가락은 왼쪽 콧구멍을 막는 데 쓸 것이다.

이제 다음과 같이 시행한다. 오른손을 코로 가져가서 엄지손가락으로 오른쪽 콧구멍을 막는다. 왼쪽 콧구멍으로 어떻게 호흡하고 있는지 확인하라. 그리고 나서 엄지손가락을 뗀 다음, 약지와 새끼손가락을 이용해 왼쪽 콧구멍을 막아라. 오른쪽 콧구멍으로 어떻게 호흡하고 있는지 확인하라. 이 훈련 내내 입은 다문 채 코로만 호흡하라. 코막힘(congestion) 때문에 곤란하다면, 교호 호흡은 생략하고 이미지화를 연습하는 것만 수련하라.

교호 호흡

양쪽 코를 통해 숨을 들이마시고, 왼쪽 코를 막은 다음 오른쪽 코를 통해 숨을 내쉰다. 오른쪽 코를 통해 숨을 들이마시고, 오른쪽 코를 막은 다음 왼쪽 코를 통해 숨을 내쉰다. 이제 왼쪽 코를 통해 숨을 들이마시고, 왼쪽 코를 막은 다음 오른쪽 코를 통해 숨을 내쉰다. 이런 방식으로 좌우를 바꿔가면서 10회 반복한다(20번 호흡).

훈련하면서, 무리하거나 강제하지 않은 상태에서 각각의 들숨과 날숨의 길이가 같아지도록 노력하라. 호흡에는 인내심이 필요하다. 각각의 들숨과 날숨이 끊이지 않고 천천히, 그러면서도 부드럽게 이루어져 편안할 수 있게 하라.

마지막 날숨이 끝나고 나면, 양손을 무릎 위에 얹고 이완하라. 양쪽 코를 통해 몇 차례 들이쉬고 내쉬어라.

교호 호흡 이미지화하기

열 번의 호흡 동안, 눈을 감고 교호 호흡의 이미지를 떠올려라. 양손은 이완한 채 무릎 위에 올려놓는다. 오른쪽 코를 통해 숨이 들어오는 모습을 그려보고, 왼쪽 코를 통해 숨이 나가는 모습을 상상하라. 왼쪽 코를 통해 숨이 들어오는 모습을 그려보고, 오른쪽 코를 통해 숨이 나가는 모습을 상상하라. 이와 같이 계속 반복하라. 반드시 한쪽 코로만 실제로 숨이 들어오고 나가고 있는 것인지에 대해서는 신경 쓰지 마라. 다만 그러한 생각과 호흡의 흐름에 자신을 연결하라.

그리고 나서 열 번의 호흡 동안, 몸의 오른쪽 절반에 의식을 두어라. 오른쪽 코를 통해서만 숨이 들어오고 나간다고 상상하라. 이렇게 하면서, 몸의 오른쪽 전체로 들어오고 나가는 호흡의 흐름을 상상하라. 숨을 들이쉴 때, 숨이 몸의 오른쪽으로 들어가서 어깨, 팔, 그리고 손을 통해 흐른다고 상상하라; 이어서 오른쪽 엉덩이, 다리, 그리고 발. 숨이 오른쪽 몸 전체를 통해 등 뒤로 흐른다고 상상하라. 오른쪽 몸 전체가 호흡에 참여한다고 상상하면서 그러한 신체감각을 느껴보아라.

이제 상황을 왼쪽 몸으로 전환하라. 이어지는 열 번의 호흡 동안, 왼쪽 코를 통해서만 숨이 들어오고 나간다고 상상하라. 몸의 왼쪽 전체로 들어오고 나가는 호흡의 흐름을 상상하라. 왼쪽 몸 전체가 호흡에 참여한다고 상상하면서 그러한 신체감각을 느껴보아라.

마지막으로, 열 번의 호흡이 이루어지는 동안, 각각의 호흡에 대해 좌우를 번갈아 가면서 호흡을 시행하라. 첫 호흡에서는 오른쪽 몸 전체로 숨을 들이쉬고 내쉰다고 상상하라. 두 번째 호흡에서는 왼쪽 몸 전체로 숨을 들이쉬고 내쉰다고 상상하라. 오른쪽과 왼쪽을 교대로 번갈아 가면서 몇 차례 더 반복하라(최대한 열 번).

양쪽 코를 통해 들이쉬고 내쉬면서 온몸으로 숨이 흐르게 한 뒤 훈련을 마무리하라. 온몸으로 호흡한다고 느껴라. 온몸으로 들이쉰다고 느끼고, 온몸으로 내쉰다고 느껴라.

몸으로 호흡하기

몸의 여러 부위를 통해 숨을 들이쉬고 내쉴 수 있다고 상상해보라. 긴장과 통증이 느껴지는 부위를 포함해 몸 전체를 살펴보라.

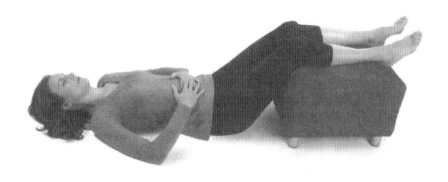

실습: · 언제라도 몸을 이완할 수 있고, 몸과 교감하며 지낸다.

　　　 · 통증이나 스트레스가 찾아왔을 때, 안전하고 통제 가능하며 좀 더 편안하다는 느낌을 발견한다.

온몸을 이용한 수련을 적어도 10분 이상 실시할 것이다.

몸 전체로 하는 호흡은 이미지 훈련을 위한 것으로 전통적인 요가 니드라(yoga nidra, 요가 수면) 수행에서 실천했고, 또한 만성통증이 있는 사람들에게 존 카밧진(Jon Kabat-Zinn)이 지도한 알아차림에 기초한 스트레스 감소 프로그램(MBSR)에서도 채택하였다(Kabat-Zinn 1990).

위 그림에서처럼 편안한 이완자세에서 시작한다. 선택적인 이완자세에 관해서는 6장을 참조하라.

양손을 아랫배에 올려놓고 호흡의 움직임을 느껴보라. 아랫배가 팽창하고 수축하는 것을 알아차리고, 몸을 통해 들어오고 나가는 호흡의 흐름을 알아차려라.

이 훈련에서, 당신은 마치 코가 몸의 다른 부위로 옮겨간 것처럼 그 부위들을 통해 들이쉬고 내쉬는 자신의 모습을 그려볼 것이다.

발에서부터 시작한다. 발바닥으로 들이쉬고 내쉴 수 있다고 상상하라. 발바닥을 통해 몸 안으로 들어오고 발바닥을 통해 몸 밖으로 나가는 호흡을 상상해보라. 발에서 느껴지는 신체감각을 알아차린다. 발을 통과하는 호흡의 감각을 상상해본다. 당신이 호흡할 때 발에서 일어나는 에너지의 흐름을 느끼고 상상하라.

이제 몸의 다른 부위로 옮겨 이 이미지 훈련을 반복한다. 다리 아랫부분, 무릎, 그리고 다리 윗부분으로 시선을 돌린다. 엉덩이, 등 아래쪽, 가운데 등, 그리고 등 위쪽으로 이어간다. 아랫배와 가슴, 어깨, 팔 위쪽, 팔 뒤꿈치, 팔 아래쪽, 그리고 손으로 옮긴다. 목, 이마, 그리고 정수리까지 바라본다.

긴장, 불편, 혹은 통증이 느껴지는 부위가 있으면, 그냥 지나가지 마라. 당신이 보다 편안하게 느낄 수 있게 하기 위하여 시도할 수 있는 몇 가지 방법이 있다.

첫째, 이미지와 함께 머무르고 불편이나 통증이 느껴지는 바로 그 곳으로 숨을 보내라. 호흡이 그 긴장과 통증 부위를 녹이거나 마사지해준다고 상상한다. 견고한 긴장이나 통증이 풀어진다고 상상하라. 통증 속에서도 가질 수 있는 여유를 발견한다.

둘째, 당신의 주의를 몸의 불편한 부위에 두다가 편안한 부위에 두기를 반복적으로 시도한다. 몇 차례 호흡하는 동안 통증 부위로 숨을 쉬고, 그 다음 몇 차례 호흡하는 동안 다른 통증 부위로 숨을 쉰다. 이와 같이 번갈아 오가는 것은 마음으로 하여금 불편한 신체감각에 덜 집중하는 법을 배우게 한다. 당신은 일종의 건강한 주의분산을 익히고 있다. 여전히 당신의 초점은 몸에 머물지만 의도적으로 다른 부위로 옮기는 것이다.

이와 같이 몸 전체를 활용하여 훈련할 때, 코, 입, 그리고 목을 통해 몸으로 들어오는 들숨을 느끼기 위해 당신 자신을 이 흐름에 맡겨라. 숨을 받아들이는 몸 전체를 상상해보라. 호흡하고 있는 온몸을 느껴보라. 마치 몸 전체가 들숨에 따라 부드럽게 팽창하고, 날숨에 따라 수축한다는 느낌으로 당신의 몸으로 흐르는 호흡의 감각을 상상해본다. 몸 전체로 퍼지는 에너지의 흐름을 느끼거나 상상한다.

앤(Ann)의 이야기: 불면증의 극복

만성통증을 겪는 대부분의 사람들처럼, 앤(Ann)도 수면에 문제가 있었다. 그녀의 잠자리는 더이상 아늑한 휴식처가 아니었다. 잠을 청하기 위해 온갖 시도를 다해봤지만 통증과 공포를 대면할 뿐이었다.

62세가 되자, 앤의 남편은 은퇴를 앞두게 되었다. 아이들이 생기기 전에 자신들이 했던 것과 같이, 여행을 하면서 모험을 즐기기로 계획을 세웠다. 그러나 실망스럽게도 앤은 너무도 빨리 자신의 몸이 고장나 버렸다고 느꼈다. 근육통증과 관절의 통증은 삶의 일상이 되었고, 밤이면 (앤은 "소란스러워"진다고 표현했지만) 더욱 악화되었다.

앤은 눈을 감은 채 이불 속에서 몸부림쳤으며, 육체적인 통증의 고통과 마주한 자신을 발견하곤했다. 다른 어떤 감각적인 자극에 신경을 분산할 여유도 없이, 통증은 온통 그녀의 의식을 압도했다. 그녀는 때때로 자신이 통증으로 인한 공포, 분노, 그리고 슬픔에 사로잡히는 것을 감지했다. 그녀는 나이 들어감에 따라 자신의 인생이 점점 더 작아지고, 더욱 더 불편해진다는 생각에 정신이 번쩍 들었다.

통증과 염려는 불면증을 낳았으며 휴식 없는 수면으로 이어졌다. 앤은 선잠을 잤으며, 낮 동안그날 밤에 제대로 잠을 잘 수 있을 것인가에 대해서 걱정하기 시작했다. 다음날 얼마나 피곤할지에 관해 앞질러 생각했으며, 타인과 어울리거나 활동하는 것에 대해 한발 물러서는 자신을 발견했다.

앤의 몸과 마음은 잠자리에 드는 것과 스트레스 반응을 연관 지어 생각했다. 그녀가 잠자리에 들려고 하면, 마음은 미리 통증과 불안을 예상하고 더욱 경계를 늦추지 않았다. 침대에 몸을 눕히면, 심장이 뛰고 근육은 긴장했다. 이 스트레스 반응은 통증과 불면증 모두에 영향을 끼쳤다.

앤이 잠자리를 편안한 안식처로 바꾸려면 자신의 몸과 마음을 재교육할 필요가 있었다. 스트레스 반응을 차단하고 마음에 집중하기 위한 도구 역시 필요했다. 앤은 낮 동안 잠자리 이외의 상황에서 약간 다른 형태의 호흡, 이완, 그리고 명상 훈련을 실천함으로써 이 과정을 시작했다. 어떤 기법을 자신의 불면증에 적용하기 전에 그것을 편안하게 느끼는 것이 앤에게는 중요했다. 그렇게 하지 않으면 배우는 것은 더욱 어려워지고, 자신이 밤마다 느끼는 스트레스와 그 기법을 연관 짓게 될는지도 모른다.

앤은 자신의 부산한 마음을 진정시키고 육체적인 이완을 도모하는 데 가장 큰 도움을 주는 기법이 호흡의 이미지화라는 것을 알아냈다. 그녀는 그 영상기법이 자신의 마음을 완전히 사로잡은 흥미로운 도전이라는 것을 발견했다. 앤은 균형호흡(Balancing Breath)과 몸으로 하는 호흡

(Breathing the Body)을 통해서 이완하는 능력이 자신에게 있다는 것을 확신하게 되자, 잠에 들기 전에 침대에서 그것들을 시도했다. 기분 좋게도 다음날 아침, 앤은 잠에 드는 것이 좀 더 수월했었다는 것을 발견했다. 그리고 눈을 뜨면서 한결 개운하다고 느꼈다.

매일 밤 앤은 호흡 이미지기법을 위한 준비 단계로서, 잠자리에 들기 전 의자에 앉아 5분 동안 호흡과 함께 부드럽게 스트레칭 하는 과정을 일과에 포함시켰다. 그리고 나서 그녀는 잠들기를 기다리면서, 이미지기법을 활용하여 마음을 집중하고 몸을 이완했다. 이 의식은 반복적인 통증-스트레스-불면의 사이클로부터 앤이 벗어날 수 있도록 도왔다. 아픔과 통증이 사라진 것은 아니지만, 더 이상 이들로 인해 앤이 밤을 새는 일은 없었다. 잠자리에서 휴식을 취하게 되자, 낮에 더 많은 에너지가 느껴졌다. 앤이 가장 두려워했던 것은 통증이 삶을 방해해서 그 결과, 낙관적으로 기대하고 있는 미래에 커다란 장애물로 작용하는 것이었다.

만일 당신이 앤과 같이 밤마다 수면에 곤란을 겪는다면, 호흡, 이완, 혹은 명상 훈련을 활용함으로써 몸과 마음이 충분히 편안하게 잠든다고 느끼게 만들 수 있다. 처음에는 침실 밖에서 훈련하라. 당신이 어느 한 이완 기법에 신뢰를 갖게 되면, 그것을 잠들기 전에 실천하는 일상으로 만들어라.

하나로 모으기

당신이 이 책에 실린 훈련들을 모두 익히고 나면, 그것들을 한 데 모아 자신만의 방식으로 실천하길 권한다. 이어지는 각 장들은 치유효과를 극대화하기 위해 서로 다른 형태의 수련들을 조합하는 방법을 제안하면서 끝날 것이다. 우선, 이 장에서 배운 훈련들을 점검하는 시간을 가져라. 어느 것이 당신에게 와 닿았는가? 당신이 생각하기에 자신에게 도움이 될 만하다고 느낀 것을 시도해 보았는가? 요가 훈련이 당신의 통증 경험을 어떻게 변화시키는지 알아보기 위해 적어도 하나를 실천해보라.

Chapter 4 몸과 친숙해지기

27세인 초등학교 교사 케이트(Kate)는 지난 일 년 동안 알 수 없는 증상으로 고통 받아 오다가, 최근에 결합 조직염(fibromyalgia)으로 진단받았다. 그녀는 일상적인 직장 생활과 대인관계를 유지하기 위해 애썼지만, 점점 더 하루를 버티기가 힘들었다. 밤이 되면 기진맥진하여 여전히 잘 수 없었으며, 자신의 몸이 왜 이렇게 말을 듣지 않는 것인지 곰곰이 생각하곤 했다. 또 그녀는 외출할 힘조차 사라지고 더 이상 버티기 힘들어졌을 때, 교사 생활을 그만두어야만 할까? 과연 그녀에게 어떤 낭만적인 관계가 남아 있기나 할까?라고 생각했다. 통증은 최고조에 달하고 에너지가 바닥을 치자, 케이트는 자신에게 몸 같은 건 없었으면 좋겠다고 생각했다. 만일 상황이 더욱 악화된다면, 그녀는 자신의 생명이 가치 있는 것이라고 확신하기 힘들 것 같았다.

이 말이 당신 가슴에도 와 닿는가? 물론, 몸이 없었으면 하고 바라는 것은 논리적이지 않다. 하지만 가끔은 당신도 이런 생각을 하지 않는가?

만약 당신 자신의 몸에 대한 최초의 기억이 통증이나 고통에 관한 것이라면, 몸으로부터 탈출하고 싶다는 당신의 바람은 일리가 있다. 당신의 몸이 예측할 수 없고 신뢰할 수 없을 때, 몸에게 버림받고 배신당했다고 느끼는 것은 당연하다. 인생을 즐기려 하지만 몸이 계속 방해만 한다면, 당신은 몸으로부터 멀어지는 것을 느끼게 되는지도 모른다. 아마 당신이 착각을 일으키기 시작하는 것은 신체의 어떤 특정 부위가 될 것이다. 진정한 당신이 먼저 존재하고, 그 다음에 척추나 무릎도 존재하는 것이며, 당신 삶의 경험을 앗아가려고 기를 쓰는 두통도 존재하는 것이다.

만성통증으로 고생하는 많은 사람들은 몸을 감옥으로 생각하고, 몸으로부터의 탈출에 대한 환상을 갖기 시작한다. 이럴 때 가끔은 케이트처럼 자신의 몸이 없었으면 하고 바라는 자신을 발견할 수도 있다. 만성통증을 지닌 어떤 사람들은 이와 같이 자신의 몸과 씨름하는 데에 모든 에너지를 소모한 나머지 목숨을 끊는 극단적인 생각에 빠지기도 한다. 그들은 그저 이 순간 이런 몸으로 살아야 한다는 것을 견디지 못하며, 자신의 몸에서 평화에 이르는 길을 발견하지 못한다.

만약 당신이 이렇게 느낀다면, 자신의 몸, 통증, 그리고 그밖의 모든 것과 친숙해지는 방향으로 발을 내딛는 것이 아주 중요하다. 이 장에 실린 명상과 사고방식들이 이와 같이 실천하려는 당신을 도울 것이다.

당신은 자신의 몸과 어떤 관계를 맺고 있는가?

당신은 싫어하는 사람에 대해 어떻게 설명하겠는가? 그 사람이 가까이에 있는 것이 불편하다고 아마 당신은 말할는지도 모르겠다. 당신이 어쩔 수 없이 그와 함께 해야 할 때, 가능한 한 그로부터 멀리 떨어져 있었으면 하고 바랄 것이다. 그에 대해 생각하고, 그가 당신에게 한 일을 떠올리는 것만으로도 화가 날 것이다. 그가 믿음을 저버린 것이 당신에게 충격이고 슬픔일 수 있다. 당신은 그와 교류하는 것을 바라지 않는다. 그에 관한 이야기도 듣고 싶지 않다. 만일 당신이 그에게 주의를 기울인다면, 그것은 오직 당신이 그에게 상처 받지 않기 위해 조심하고 경계하기 때문이다. 당신은 그의 모든 말과 행동을 신뢰할 수 없으며, 계속해서 당신에게 상처 주기 위한 것으로 해석한다.

이것이 당신과 당신 몸과의 관계를 설명하고 있지는 않은가? 당신이 당신 몸과 적이 됐다는 것을 알게 되는 것이 충격적일 수 있지만, 만성통증을 지닌 대부분의 사람들은 적어도 일정 시간을 자신의 몸에 대해서 이와 같은 느낌을 갖는다. 당신이 그렇다면, 이건 당신만의 문제가 아니다.

해결책은 무엇일까? 진실한 친구를 어떻게 묘사할지 생각해보자. 우선 첫째로, 그와 함께 있는 것이 편안할 것이다. 당신은 집에서처럼 편안하며 마음이 자유롭다. 그와 함께 있으면 당신의 기분은 좋아진다. 기분이 나쁘거나 불안한 날엔 그와 만나고 싶어질 수도 있다. 그 사람이 필요할 때 그가 당신을 위해 곁에 있어주기를 기대할 수 있다. 당신 또한 그의 안위를 염려하고 있으며, 그가 당신을 필요로 할 때 당신도 그의 곁에 있을 것이다. 당신은 그를 돕는 것이 즐겁다. 그에게 어려운 일이 생기면 당신은 그의 이야기를 들어준다. 당신은 그를 행복하게 해줄 방법을 찾는다. 그가 침울해 하면 당신은 그의 용기를 북돋운다. 불가능할 때조차 당신은 그에게서 장점을 찾는다. 당신은 그에게 감사할 것이며, 그가 없는 인생은 상상할 수 없을 것이다.

당신이 몸에 대해서 느끼는 방식과 이 이야기가 일치하는가? 아니면 불행하게도 당신과 당신 몸의 관계와는 다른 이야기인가? 너무 말도 안 되는 이야기라서 자신의 몸에 대해 이와 같은 생각을 할 사람은 없다고 보는가?

엉뚱한 이야기가 아니며 얼마든지 가능한 이야기다. 당신이 이 책을 읽고 있다면, 여기에는 자신의 몸을 주의 깊게 돌보고 있는 당신 자신의 이야기가 적어도 하나 이상 나온다. 그러한 자신의 모습에 감사하는 시간을 갖고, 그러한 자신과 더불어 계속해서 읽어나가라.

분노가 몸을 상하게 하는 까닭

분노, 슬픔, 실망, 그리고 좌절감은 만성통증에 대한 자연스런 반응이긴 하지만, 자연스러운 것이 항상 도움이 된다는 걸 의미하지는 않는다. 분노를 포함한 부정적인 정서들이 통증 시스템 속에 갇혀있으며, 이것은 많은 사람들에게 통증 에피소드를 유발하거나 기존의 통증을 악화시킨다. 당신의 몸을 적을 대하듯 한다면 통증과 연관된 당신의 모든 잠재인상(潛在印象, samskara)들이 더욱 깊어지게 할 것이다. 스트레스, 공포, 어떤 통증 신호에 대해서도 방심하지 않겠다는 의지, 그리고 새로운 모든 통증 에피소드에 대한 최악의 상상 등이 그것이다. 분노는 자신의 몸을 돌보는 당신의 능력을 방해하며, 즐거움을 향유하는 당신의 능력을 앗아가 버린다.

바로 현 상황에서 자신의 몸 상태를 받아들인다면 치유를 향한 모든 발걸음이 가벼워질 것이다. 비록 통증이 있다하더라도, 이렇게 함으로써 지금 이 순간을 오래도록 좀 더 편안하게 만들어줄 것이다. 통증과 고통으로부터 자유롭고자 하는 욕구가 몸을 거부하는 것을 뜻하지는 않는다. 아무리 몸으로부터 배신을 당하고 몸이 없었으면 하고 소망해도, 몸이 없다면 당신은 결코 걸을 수 없다. 현대 의학이 발달했다 하더라도, 더 이상 원치 않는 당신의 몸을 새로운 것으로 교체할 수 있는 방법이 아직은 없다.

미래의 어느 시점이 되면 당신의 고통을 덜 수 있는 방법이 열릴 것이다. 그러나 당신이 몸을 통해 생명을 지닌 지금 이 순간 대안은 없다. 만약 당신이 고통을 줄이고자 한다면, 통증이 사라지고 몸이 친숙해질 때까지 마냥 기다릴 수는 없다.

요가 수련의 기초로서 호의(friendliness)

이 책에 실린 모든 요가 실습들은, 당신이 자신의 몸을 기꺼이 머물러야 할 안전한 장소로 다시 바라볼 수 있도록 돕기 위한 의미를 담고 있다. 당신이 자애심(self-compassion)의 태도로 요가를 수련한다면, 통증이 찾아온 순간에도 몸에 머무는 편안한 감각을 되찾을 수 있을 것이다.

이 책의 나머지 장에 실린 요가동작 수련을 시작하기 전에, 먼저 당신이 기초로서 호의를 확고히 갖기를 권한다. 특히 당신에게 통증 경험이 있다면, 요가는 자신의 몸에 대해 호의를 가지라고 요구한다. 비교적 수월한 요가에서도, 당신은 육체적인 한계와 강한 신체감각을 경험하게 될 것이다. 이러한 도전에 대해 어떻게 정교하게 반응하는지 알려면 자신의 몸에 대한 연민이 필요하다. 당신은 용기와 자기 돌봄(self-care)의 태도를 가지고 자신의 몸을 움직이는 방법에 관해 배울 필요가 있다. 당신은 어쩌면 몸이 고통 받는 것을 염려하기 때문에 치유 동작들을 회피하지 않을 테지만, 그러나 또한 다시는 통증에 휩쓸리지 않으리라 결심했기 때문에 불편함을 감수하려고도 하지 않는다.

예를 들어, 당신은 요가의 스트레칭 동작에서 빠져나오라고 실제적인 위험을 알려주는 신체감각과 스트레칭 동작을 통해 몸에 약간의 변화가 일어나고 있다고 단순히 알려주는 신체감각 사이의 차이를 이해해야만 할 것이다. 만일 당신이 자신의 몸이 가진 한계에 대해서 불안을 느끼거나 화가 나 있는 상태에서 요가를 수련한다면, 이렇게 할 수 없을 것이다. 자신의 몸에 대한 호의를 밑바탕에 깔지 않는다면, 당신은 자신의 한계와 불편에 실망한 나머지 요가동작이 지닌 치유의 가능성을 포기하거나 놓치게 되는지도 모른다. 만약 당신이 자신의 신체감각들을 무시하곤 한다면, 당신은 통증의 삼스카라를 심화시킬 뿐인 어떤 통증의 감각을 외면하려할 수도 있다.

만약 당신이 자신의 몸과 싸우고 있다면 요가 수련에 전념하기가 무척 힘들 것이다. 몸과 친해지는 것, 그리고 지속적으로 연민, 양육, 지지, 그리고 몸에 대한 감사의 마음으로 돌아오는 것은 당신이 요가 수련을 위한 시간을 할애하도록 격려할 것이다. 당신은 또한 어떤 요가 수련이 자신에게 가장 도움이 되는지 파악하는 것이 좀 더 수월해진 것을 발견할 것이다. 이것은 당신이 자신의 몸과 마음에 가장 치유적인 개인 요가 계획표를 짤 수 있도록 안내할 것이다.

몸과 친숙해지는 길로 나아가기

이어지는 수련들은 당신을 몸에 대한 의식적인 연민, 감사, 그리고 수용의 길로 안내할 것이다. 그들은 또한 매일 매일의 일상생활 속에서 당신이 몸에 대해 어떻게 생각하고, 무슨 말을 하고, 얼마나 경청하고, 그리고 어떻게 대하는지 알아차릴 수 있는 하나의 척도이다.

이 모든 훈련들은 당신이 자신의 몸에 대해서 한동안 갖지 않았던 감정과 생각들을 초대하라고 요청한다. 이제 꽤나 친숙해졌을 자신의 몸에 대한 다른 감정들을 밀어내려고 애쓸 필요도 이유도 없다. 따라서 당신이 이들 수련을 시작하면서 만일 필요하다면 동시에, 자신이 감사와 슬픔, 연민과 좌절, 용서와 분노를 느낄 수 있도록 허용하라. 부정적인 생각과 정서가 올라오면, 단지 알아차리고 감사와 연민에 대한 생각과 감정을 계속해서 의식적으로 불러일으켜라. 이것은 명상할 때뿐만 아니라, 당신이 자신의 몸이나 통증에 대해 분노, 좌절 혹은 슬픔을 경험할 때마다 활용할 수 있는 좋은 전략이다. 시간이 흐름에 따라, 당신은 자신의 호의에 대한 태도가 좀 더 자연스러워지는 것을 발견할 것이고, 이것이 몸과 관계 맺는 무의식적이고 본능적인 방식의 일부로서 자리할 것이다.

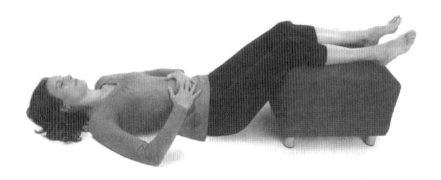

이들 각각의 수련들마다, 조용히 생각하는 시간을 갖거나 자신의 생각을 적어보는 시간을 갖는 것도 괜찮다. 가능한 한 육체적으로 편안한 상태를 유지하라. 그러기 위해, 등을 대고 누운 상태에서 무릎 밑에 베개를 대고, 조명은 흐릿하게 켜고, 그리고 눈을 감거나 혹은, 필기구와 일기를 준비하고 보조 안락의자에서 휴식을 취할 수도 있다.

신체의 고마움

감사와 경탄의 마음으로 자신의 몸 구석구석을 되돌아보라.

실습 : • 언제든 자신의 몸과의 관계를 바로잡는다.

•통증이나 질병으로 인해 좌절감을 느끼거나 몸에 대해 부정적이 될 때, 의식적으로 자신의 몸에 대해 호의를 갖는다.

•병원 예약을 마치고 나서, 자신의 몸은 증상이나 진단 그 이상임을 마음속으로 상기한다.

전체 수련은 5분에서 10분 정도 걸리지만, 당신은 언제라도 그저 자신의 몸을 감사하게 생각하는 이유 한 가지를 떠올려 봄으로써 이 수련을 실천할 수 있다.

당신이 자신의 몸에 대해 마지막으로 고마움을 느낀 것은 언제인가?

만성통증에 시달리는 많은 사람들에게, "몸에 대한 고마움"이라는 표현은 곤혹스럽고 터무니없는 말일 수 있다. 뭘 고마워하라고?

몸은 이 인생 여정에서 당신의 동반자라는 단순한 사실로부터 시작할 수 있다. 몸은 당신을 이 순간까지 이끌어왔고, 이 순간까지의 모든 것을 당신이 경험할 수 있도록 허락해왔다는 것에 대해 인정받고 보상받을 자격이 있다.

이 감사 훈련은 몸이 당신을 어떻게 지원해왔는가를 돌아볼 수 있는 기회를 제공한다. 몸은 당신의 용기, 활력 혹은 인생 여정과 따로 떨어져 있는 것이 아니다. 그것은 당신의 연민이고 고향이며, 당신이 인생을 표현하는 도구이다. 당신이 감사하게 느끼는 어떤 활력이나 경험도 당신 자신과 몸과의 관계를 치유하는 데 활용할 수 있다.

이 수련을 시작할 때, 어딘가에 의지해서 앉거나 눕도록 하라. 6장에서 설명하고 있는 회복 요가 자세들에 익숙해질수록, 당신은 부드러운 요가 자세를 통해 몸에 대한 감사를 실천하고자 결심할 수도 있다.

불편함이나 어떤 통증의 감각까지를 포함해서 몸 전체를 느끼는 시간을 가져라. 이러한 신체감각에 주의를 기울이면서도 이들이 자신의 온전한 주의집중을 방해하지 못하게 할 수 있다. 그러고 나서, 안전하고 편안한 감각이 느껴지는 신체부위를 알아차려라. 그것은 눈꺼풀일 수도 있고, 새끼손가락이나 발바닥일 수도 있으며, 숨 쉴 때마다 오르내리는 아랫배일 수도 있다. 이완과 편안함의 신체감각이 어디에서 느껴지든 아무 상관이 없다. 자신이 그 감각과 연결되는 것을 발견할 때, 잠시 동안 그 감각에 머물러라. 그 신체부위의 느낌에 주의를 두어라.

그러고 나서, 감사와 경탄의 마음으로 서로 다른 신체부위 하나하나를 되돌아보라. "살아오면서 이 신체부위가 어떻게 나를 도왔던가? 어떻게 이 신체부위는 내가 삶을 이어갈 수 있도록 허락했는가?"라고 스스로 질문해보라. 지금 이 순간 편안하게 느껴지는 신체부위에서 시작해서, 최종적으로 평상시에 통증을 경험하는 몸의 영역에서 이 방법을 활용하라. 생각할 수 있는 몸의 영역들은 다음과 같다(그러나 제한을 두는 것은 아니다):

- 발
- 다리
- 엉덩이
- 아랫배
- 등
- 가슴
- 심장

- 폐
- 어깨
- 팔
- 손
- 목
- 얼굴
- 감각 기관 : 입, 코, 눈, 귀

당신의 대답이 상투적이거나 추상적일 수 있다. 예를 들어, 심장은 신체의 모든 세포에 산소를 운반함으로써 말 그대로 몸 전체에 연료를 공급한다. 이와 같은 방식으로, 심장은 당신이 행하는 모든 활동을 뒷받침한다. 매 순간 생명이 숨 쉬는 경험을 제공하는 심장에게 감사를 표현할 수 있다. 은유적으로, 심장은 환희와 계약을 맺어 사랑으로 뻗어가고, 흥분으로 두드린다. 당신은 심장이 이들 정서들에 대한 경험을 허락한 것에 대해 고마움을 느낄 수 있다. 문자 그대로, 당신의 발과 다리는 살아가면서 지탱하고 이동하는 것을 돕는다. 상징적으로 생각해 보면, 믿는 것에 기댔던 시절을 회상하거나, 삶 속으로 얼마나 깊이 들어왔는가를 돌아볼 수 있다.

비록 유치하거나 감상적으로 느껴지더라도 떠오르는 모든 것에 신뢰를 가져라. 만약 곧바로 마음에 떠오르는 것이 없다면, 오늘 있었던 일에 초점을 맞춰라. 오늘 이 신체부위에 어떤 일이 있었는가? 음식을 준비하고 즐기는 데 참여했는가? 이 책을 넘기는 데 쓰였는가? 키우는 개에게 미소 짓고 입 맞추는 데 필요했는가? 혹시 오늘이 너무 힘겨워서 여러 가지를 할 수 없었다고 할지라도, 당신은 여전히 살아있다. 당신은 폐, 심장, 그리고 바로 지금 당신을 지탱해주고 있는 신체의 모든 시스템에게 감사하는 마음을 가질 수 있는가? 당신 자신을 지탱하고 지금 이 순간을 경험할 수 있게 하기 위해 몸이 하고 있는 노력에 대해 고마움을 느낄 수 있는가?

때때로 이 명상은 감사와 함께 슬픔도 불러일으키곤 하는데, 특히 자신의 몸이 더 이상 쉽게 할 수 없는 것들에 대해 생각하고 있는 자신을 발견할 때이다. 당신은 또한 몸의 몇몇 부위에 대해서 심각하게 느끼고 있는 자신을 발견할는지도 모른다. 이러한 감정과 생각에 사로잡히거나 거부하지 말고 그저 왔다가 사라지도록 허용하라. 그것들은 매일매일 경험하는 몸의 삼스카라를 형성하는 작은 불꽃일 수 있는데, 단지 알아차려라. 그것들이 습관적으로 일어난다고 해도, 당신은 감사의 마음으로 돌아가는 길을 선택할 수 있다.

자신의 호흡을 알아차리면서 이 실습을 끝낸다. 지금 이 순간 호흡을 느낄 수 있는 신체부위에 양손을 놓는다. "이 호흡에 감사하며, 이 순간에 감사드립니다."라고 속으로 되뇐다.

반성

이 수련을 통해 당신은 무엇을 알아차렸는가? 당신이 감사할 만한 것으로 드러난 것은 무엇인가? 무언가를 떠올리는 데 특별히 어려움을 안긴 신체 부위가 있었는가? 지금은 느낌이 어떤가? 잠시 시간을 갖고 이 수련에 대해 돌아보는 반성의 글을 써보라. 자신의 몸에 대해 가장 고맙게 생각하는 점들을 글 속에 포함하라.

_____

_____

_____

_____

_____

_____

_____

_____

_____

_____

_____

_____

_____

_____

_____

몸, 마음, 그리고 영성을 위한 자애 명상

건강, 행복, 평화, 그리고 고통으로부터의 자유를 위해 기도하라.

실습 : • 언제든 자신의 몸과의 관계를 바로잡는다.

　　　• 통증이나 질병으로 인해 좌절감을 느끼거나 몸에 대해 부정적이 될 때, 의식적으로 자신의 몸에 대해 호의를 갖는다.

　　　• 병원 예약을 마치고 나서, 자신의 몸은 증상이나 진단 그 이상임을 마음속으로 상기한다.

　　　• 어떤 치료, 운동, 훈련, 또는 처치를 시작하기 전에, 당신 자신과 몸을 돌보고자 하는 자신의 의도를 상기한다.

전체 훈련 시간은 5분에서 10분 정도 걸리겠지만, 이 명상의 문구를 한 번 간략히 되뇌는 것만으로 언제든 이 수련의 핵심을 실천할 수 있다.

이 명상에서, 당신은 자신과 자신의 몸에게 자비를 베푸는 일련의 짧은 문구들을 반복할 것이다. 그 문장들을 소리 내어 읽을 수도 있고 조용히 마음속으로 되뇔 수도 있다.

시작할 때는, 자신과 자신의 몸에 대한 진정한 호의를 느끼지 못한 채 단순히 문구들을 반복하고 있는 자신을 발견할 수도 있다. 심지어 문구들을 반복하면서 내부의 저항을 느낄 수도 있다. 이것에 대해 염려하지 마라. 당신이 즉각적으로 반대되는 생각과 감정을 경험하더라도 이 명상은 치유의 힘을 발휘할 수 있다. 당신은 이미 자신 안에 호의의 씨앗을 품게 된다. 문장을 반복하는 것이 이 씨앗들을 키워내는 한 방법이다. 이윽고, 마음과 가슴은 그 단어들을 따라갈 것이며, 호의에 대한 당신의 진정한 경험이 꽃필 것이다.

시작하면서 어딘가에 의지해서 앉거나 눕도록 하고, 6장에 나와 있는 회복 요가 자세들을 함께 수련하라.

몸과 자신을 연결하기 위해, 아랫배와 가슴과 같이 호흡의 움직임을 느낄 수 있는 신체부위에 양손을 얹는다. 만일 당신이 괜찮다면, 자애를 상징하는 의미로서 일반적으로 통증을 경험하는 신체부위에 양손을 얹을 수도 있다.

이 명상은 세 단계로 이뤄진다. 첫째, 자신의 몸에 대해 다음의 세 가지 서원을, 마치 몸이 친한 친구인 것처럼, "너"라는 단어를 사용해서 직접 말한다. 통증을 느끼는 구체적인 신체부위를 대상으로 해서 서원을 말할 수도 있다.

"네가 건강하기를."

"네가 행복하기를."

"네가 고통으로부터 자유롭기를."

"네가 평화롭기를."

하고 싶은 만큼 이 첫 단계를 반복하면서, 생각이나 감정이 일어나면 알아차려라. 그리고 나서, "나는"이라는 말로 시작해서 몸, 마음, 그리고 영성에 대해서도 똑 같은 소망을 말한다. 나라는 감각 속에 자신의 몸을 포함시키고 있다는 것을 느낄 수 있도록 특별히 배려하라.

"내가 건강하기를."

"내가 행복하기를."

"내가 고통으로부터 자유롭기를."

"내가 평화롭기를."

만일 당신이 진정한 연민의 감정으로 교감하는 것이 어려우면, 본능적으로 연민이나 돌봄의 감정을 불러일으키는 사람이나 동물을 떠올려 이 수련을 시작할 수도 있다. 그들에게 먼저 소망을 말하고, 그런 다음 연민의 감정을 당신에게로 옮겨와 자신을 위한 연민을 훈련한다.

마지막으로, 이 순간 당신이 지니고 있는 자유를 알아차린 연후에 건강, 행복, 그리고 평화를 선택하기 위해 다음 문장을 되뇐다.

"이 순간, 나는 이미 건강하며 온전하다."

"이 순간, 나는 행복을 선택한다."

"이 순간, 나는 고통으로부터 자유를 선택한다."

"이 순간, 나는 몸, 마음, 그리고 현재의 경험과 더불어 평화롭다."

이 문장들은 긍정적인 진술이나 소망하는 생각이 아니다. 이들은 당신의 몸, 마음, 그리고 영성을 위한 연민의 실천이다. 요가는 고통으로부터 벗어나서 건강, 지혜, 그리고 환희로 나가는 당신의 타고난 능력을 이끌어내는 실천이다. 당신이 이 문장들을 알든 모르든 혹은, 믿든 믿지 아니하든 간에, 스스로 이들을 되뇌는 것은 당신이 이 길을 선택했다는 것을 상기시킬 것이다.

당신은 마음 한구석에서 자신이 이미 건강하거나 온전하지 못하며, 고통이 있는 한 행복하고 평화로울 수 없다고 주장하는 소리를 듣게 되는지도 모른다. 다만 이들 생각과 감정들을 바라보면서 이들이 어떻게 작용하는지 알아차려라.

수련을 하면서, 당신은 몸을 포함하여 진실로 자신을 향한 진정한 연민과 호의에 의지하는 것이 가능하다는 것을 발견할 것이다. 그렇게 되면, 그 느낌을 음미하라. 그것이 마음과 몸에 새겨지게 하라. 당신은 언제, 어느 곳에서든 이 느낌과 만나기 위해 이 명상을 활용할 수 있다.

이 명상을 하면서 당신은 무엇을 느꼈는가? 어떤 감정과 생각들이 일어났는가? 당신의 몸에서 연민은 어떻게 느껴지는가? 지금은 몸이 어떻게 느껴지는가? 몸과 통증, 그리고 당신 자신에 대해 연민을 갖는 것이 어려운가 아니면 자연스러운가? 시간을 갖고 이 경험을 돌아보는 반성의 글을 써보라.

_____

_____

_____

_____

_____

_____

_____

_____

_____

_____

_____

_____

_____

루이사(Louisa)의 이야기: 돌보는 사람 되기

법률 사무소에서 근무하는 40세의 싱글맘 루이사는 단지 등의 통증만을 혐오한 것이 아니었다. 자신의 등 자체를 혐오했다. 이는 자신의 통증에 관해 언급하고, 그것이 매일 매일의 사무실 업무나 아이들을 돌보는 일, 그리고 가정 살림을 꾸려나가는 데 얼마나 방해가 되는지 나열하면서 그녀가 한 말이다. 그녀는 항상 완벽주의자였으며, 일과 가정에서의 높은 성취 기준을 등의 통증이 방해하고 있었다.

때때로 루이사의 절망감은 자신의 몸에 대한 공격으로 나타났다. 등을 아주 세게 내려쳐 척추를 두 동강 내고 싶은 욕구와 주먹으로 통증 부위를 가격할 수 있도록 손이 등에 닿았으면 하는 갈망을 가졌다. 그녀는 비록 이것이 비이성적이라는 것을 알고는 있었지만, 이렇게 화를 표현하면 왠지 자신의 등이 제자리를 찾아갈 거라고 생각했다.

우리가 처음 만났을 때, 루이사는 인내심이 부족하여, 만일 충분히 유연하게 접근한다면 자신의 등을 이완시킬 수도 있는 스트레칭을 배울 수가 없었다. 그녀는 자신의 등에 벌을 내려 통증을 유발하길 원했고, 요가 스트레칭처럼 자신의 몸에 도움이 될 가능성이 있는 무언가를 활용하는 것에 대해 두려움을 갖고 있었다. 몸과 친숙해지는 일이 무엇보다 중요한 출발점이었다.

나는 루이사에게 등에 대해 자신의 돌보는 본능과의 연결을 생각해볼 것인지를 물었다. 그녀는 분명히 동정심 많고 잘 돌보는 엄마였지만, 왠지 이러한 동정심에서 자신은 배제해왔다. 루이사는 등의 통증에 대해 심하게 화를 내는 자신에게 좀 더 주의를 기울이기로 결심하고, 등이 아무리 "못되게" 굴어도 자신은 등을 돌보아야할 의무가 있다고 생각해보기로 했다.

루이사는 마음을 열고 자신의 몸을 향한 감사와 연민의 명상을 배웠다. 그녀는 몸에 대한 감사의 명상이 어렵다는 것을 알았지만, 새롭게 도전해보기로 결심했다. 그녀는 매일 밤 잠자리에 들기 전 한 가지씩 새로운 무언가에 대해 감사하는 과제를 자신에게 부과했으며, 목록을 침대 옆에 두었다. 처음에는 자애명상의 문구를 읽으면서 약간의 저항감을 느꼈다. 그러나 만약 이와 같은 방법을 통해 자신의 몸을 질책하는 습관이 사라진다면, 소기의 목적이 달성되는 것이라고 스스로에게 말했다.

새로운 접근법을 통해, 자신의 등과 치르던 루이사의 전쟁은 멈췄다. 통증이 찾아왔을 때 자신의 몸을 학대하고자 하는 바람대신에, 자신을 돌보는 하나의 신호로서 그것을 받아들이는 법을 그녀는 배웠다. 등에 대한 그녀의 공격적인 태도는 천천히 호의적인 태도로 바뀌었으며, 이로 인해 그녀는 능동적으로 치료과정에 참여했다.

이제 루이사는 자신의 등을 돌보기 위한 15분 분량의 간단한 요가 수련 두 가지를 배울 준비를 마친 셈이었다. 하나는 자신의 등을 강화하고 척추를 움직이는 데에 초점을 맞춘 것이고(이들 동작을 배우려면 5장을 참조하라), 다른 하나는 단순히 원기를 회복하는 동작들을 포함했다(6장을 참조하라). 이들 짧은 수련은 통증과 좌절이 올라올 때마다 그녀가 자신의 등에게 줄 수 있는 선물이 되었다.

자신은 몸이나 통증과 어떤 관계를 맺고 있는지 생각해보라. 당신이 전쟁을 치르고 있는 신체 부위가 있는가? 싸우는 대신에 돌보는 태도로 접근한다면 무슨 일이 일어날까?

몸의 소리에 귀 기울이기

실습 : • 당신 내면의 지혜와 몸이 들려주는 소리에 항상 마음을 열어놓는다.

• 당신이 통증이나 스트레스, 혹은 질병으로 인해 혼란스럽거나 휘둘릴 때, 자신을 돌보기 위해 의식적으로 할 수 있는 것 하나를 선택한다.

• 어떤 종류의 치료, 동작, 훈련, 혹은 처치든 시작하기 전에 몸과 자기 자신을 돌보려는 자신의 의도를 떠올린다.

전체 수련 시간은 5분에서 10분 정도 걸리겠지만, 마음을 모으기 위해 몇 차례 호흡을 고른 다음, "무엇이 필요하지?"라고 자신의 몸에게 질문함으로써 언제라도 이 수련의 핵심을 실천할 수 있다.

통증만이 유일하게 몸으로부터 오는 중요한 신호는 아니지만, 그러나 확실히 그것이 가장 요란한 것일 순 있다. 당신에게 만성통증이 있다면, 몸에 귀 기울이는 것은 이 세상에서 당신이 절대 의도적으로는 하고 싶지 않은 일일지도 모른다. 특히 만일 당신이 "몸에 귀 기울이는 것"을 "자신의 모든 관심과 에너지를 통증에 쏟아 붓는 것"으로 해석한다면 말이다.

이 수련이 당신에게 요구하는 사항은 그것이 아니다. 몸의 소리를 듣는다는 것은 몸에서 일어나는 모든 메시지가 당신에게 말하도록 허용하는 것에 관한 것이다. 그 메시지란 종종 통증 때문에 무색해지거나, 통증을 무시하려는 당신의 시도에 의해 간과되는 것을 말한다. 자신의 몸에 귀 기울인다는 것은 당신 내면의 지혜가 자신을 돌보는 방법을 당신에게 안내해줄 기회를 갖도록 하는 것에 관한 것이다.

이 반성은 자신의 몸을 양육하길 원하는 당신의 일부분과 당신이 연결되도록 도울 것이다. 또한 이것은 당신 몸에 깃든 지혜로 하여금 수용적이며 열린 마음을 통해서 드러날 수 있는 기회를 제공한다.

몇 분간 조용히 휴식하면서 이 반성을 시작하라. 만일 당신에게 통증이 있다면, 휴식이 항상 평화롭게 느껴지지 않을는지도 모르겠다. 개의치 마라. 다만 할 수 있는 최선으로 당신의 몸을 지원하고, 바로 지금 일어나고 있는 것을 자신이 느끼도록 허용하라. 만약 통증이 느껴진다면, 자신이 그것을 알아차리도록 만들어라. 만일 배고프다면, 자신이 그 배고픔을 알아차리도록 허용하라. 만일 피로하다면, 자신이 피로를 알아차리도록 허용하라. 이는 당신의 몸으로 하여금 기꺼이 자신의 몸에 귀 기울이고자 하는 의지를 갖도록 함으로써 분명한 변화를 가져다 줄 것이다.

그리고 나서 반성과정을 시작하는데 자신의 몸에게 다음과 같이 질문한다. "너는 뭐가 필요하니?" 혹은, 보다 자연스럽게 "난 뭐가 필요하지?"라고 자문한다. 그런 다음 자신의 몸에게 다음의 질문들 가운데 하나 이상을 질문한다.

1. "내가 너에게 줄 수 있는 것 외에 더 필요한 것이 있니?"

_____

_____

_____

2. "넌 어떤 일을 좀 쉬고 싶니?"

_____

_____

_____

3. "너를 가장 풍요롭게 하는 것은 뭐니?"

_____

_____

_____

4. "내가 하고 있는 것 중에 내가 덜 했으면 하는 것은 뭐니?"

_____

_____

_____

5. "네가 다시 했으면 하는 것 중에 내가 허락하지 않고 있는 것은 뭐니?"

_____

_____

_____

6. "내가 꼭 알아야만 하는 것이 있니?"

_____

_____

_____

당신은 이 반성의 결과로 인해 놀라게 되는지도 모른다. 어떤 것도 거부하지 말라. 열린 마음을 유지하라. 무시하거나 부인해온 욕구들은 자신을 감춘 채 나타난다. 호기심과 연민으로 모든 생각들을 반겨주는 그런 마음에 대해서만 안심하고 자신들을 드러내는지도 모른다.

만약 처음 의식으로 떠오른 생각이 당신의 몸이나 건강과 직접적인 관계가 없는 것처럼 보이더라도 걱정하지 마라. 예를 들어, 결합조직염(fibromyalgia)을 앓고 있는 젊은 선생님 케이트(Kate)의 경우를 살펴보자. 그녀가 처음 이 반성을 시도해보았을 때, 실제로 유일하게 그녀가 주목한 것은 자신의 몸이 잠자리에서 들려주는 동화를 원한다는 갑작스런 생각이었다. 그녀는 최악의 통증이 진행되는 동안 오디오 CD에서 흘러나오는 고전 소설을 들었고, 이것이 그녀에게 가장 효과적인 치료가 되었다. 잠자리 동화는 의료서비스 제공자들이 케이트에게 처방을 내린 적이 없는 것이었지만, 이것이 바로 이 반성의 핵심이다. 당신은 당신만의 고유한 욕구를 가진 유일한 존재이다. 안내를 따라가다 보면, 당신은 자신의 건강과 삶에 대해서 통제력을 가질 수 있는 많은 것들이 스스로 해낼 수 있는 것들임을 발견할 것이다.

스티브(Steve)의 이야기: 경청하는 법 배우기

수년 동안 계속되는 턱의 통증과 두통으로 인해, 54세의 나이로 한 대학의 체육부서 관리책임자로 근무하고 있는 스티브는 신체 감각에 지나치게 신경 쓰지 않고 지내는 법을 자연스럽게 터득했다. 때때로 통증은 그를 자리에 주저앉힐 만큼 심각했지만, 무능력보다 심각한 그 무엇이 그의 주변을 얼쩡거렸다. 그는 그것을 무시하는 법을 배웠다.

스티브는 자신의 통증만 무시한 것이 아니었다. 그는 배고프다고 아우성거리는 위장의 소리, 자세를 바로잡으라고 간청하는 불편한 등의 소리, 그리고 수면부족의 중압감을 호소하는 소리와 같은 몸의 신호들에 대해 무시하는 법을 배웠다. 이들은 모두 침입자처럼 느껴졌다.

스티브는 몸의 요구에 귀 기울이지 않고도 별 탈 없이 지낼 수 있다는 것을 알았다. 사실, 그는 이것을 그저 의지의 문제라고 생각하기 시작했다. 그의 마음은 그를 오직 계획과 목표에서 이탈시키는 것에만 관심을 두는 몸과 싸우고 있었다. 이것이 바로 운동선수로 활약하던 그가 30여 년 전에 통증과 부상을 다루는 방식이었는데, 그때는 이것이 아주 잘 먹혔었다.

처음에 외면하기는 스티브에게 아주 잘 맞았다. 그러나 두통은 일상화됐으며, 턱의 통증은 좀 더 만성화됐고, 통증에 대한 약물치료는 점점 효과가 떨어졌다. 한 직장 동료가 내가 대학에 개설한 통증과 스트레스 경감 강좌를 추천했다. 이 강좌는 대학 내에 있는 한 운동경기 시설에서 실시했는데, 그가 거기에 나타났다.

스티브는 자신이 찾고 있는 것이 무엇인지 또는, 강좌로부터 어떤 도움을 받을 수 있는 것인지 진짜로 알 수 없었다. 그 당시 그는 자신의 두통이 몸의 긴장, 부족한 수면, 그리고 심지어 화가 폭발할 때까지 스트레스를 붙잡고 있는 자신의 경향 등과 관련이 있다는 것을 알지 못했다. 단지 주의를 기울이지 않았기 때문에, 그는 이러한 사실들을 알아차릴 수 없었다. 더 시끄러워진 통증 신호들을 멈추게 하기 위해, 우선 스티브에게 필요했던 것들 가운데 하나는 귀 기울이는 것이었다.

어느 날 강의실에서 가벼운 동작으로 마무리하는 강의 말미에, 나는 "당신의 몸이 필요로 하는 것은 무엇입니까?"라는 명상을 추가했다. 나중에 스티브와 나누기할 때, 이것이 그에게 진정한 전환점이었다는 것을 알게 되었다. 그가 처음으로 무엇이 필요하냐고 자신의 몸에게 질문했을 때, 아무 일도 일어나지 않았다. 아무 일도 발생하지 않았다. 그는 이것이 신경 쓰였으며, 다음 번 두통이 찾아왔을 때 다시 시도해보기로 결심했다. 이번엔, 한 단어가 떠올라오는 것을 보고 스티브는 놀라고 말았다. "호흡하라."

이것이 정확하게 무엇을 뜻하는 것인지 그는 알 수 없었다. 결국, 만일 그가 아직 숨 쉬지 않고 있었다면, 그는 이미 죽고 말았을 것이다. 물론, 호흡에 대한 자각은 동작으로부터 이완까지 우리가 강의 중에 시행한 것들 가운데 일부였다. 그러나 스티브는 그 부분의 설명을 무시하고 있었다. 모든 훈련을 "최대한 활용하는" 데에 집중하는 것보다는 덜 중요한 것처럼 보였다.

스티브는 그 통찰을 거부하지 않고 두통이 일어날 때마다 그 통찰을 떠올리기로 결심했다. 통증이 불거지면, 그는 자신에게 호흡하라고 말할 것이다. 그러고 나서 그는 자신이 어떻게 호흡하는지에 주의를 집중할 것이다. 직장이나 가정에서 특히 지시에 대한 압박감을 느낄 때면, 자신이 턱을 잡아당기고 호흡을 조절하는 경향이 있음을 그는 알아차리기 시작했다. 이 관찰은 스티브로 하여금 우리가 강의 중에 했던 몇몇 호흡 수련들이 자신의 통증에 도움을 주거나 멈추게 할 수 있는지 알아보기 위해 그것들을 스스로 실천하도록 만들었다. 아주 놀랍게도, 그 수련들은 도움이 되었는데, 단지 두통이나 턱의 통증에 효과가 있었던 것이 아니라 과도한 스트레스를 느껴 떨쳐내려고 할 때 도움이 됐다.

스티브에게 있어, "호흡하라"라는 말에 귀 기울이는 것은 그가 지금껏 치러왔던 몸과 마음의 전쟁을 끝내는 첫 단추였다. 자신이 어떻게 스트레스를 다뤘고 스스로를 돌봤는지에 관해 자신의 몸이 전해주는 메시지에 귀 기울이기 시작했을 때, 자신이 둘 다 좀 더 효과적으로 수행할 수 있을 거라는 것을 그는 알았다.

앞으로 당신에게 통증이 일어날 때, "너에게 필요한 것이 뭐니?"라고 단순하게 질문하는 기회를 갖는 것은 어떨까? 생각나는 대로 적고, 그리고 나중에 확인하라. 질문을 통해 드러나는 어떠한 지혜에도 마음을 열도록 하라.

통증과 친구 되기 : 반성

자신의 몸뿐만 아니라 통증과도 친구가 되는 것이 가능할까? 당신이 이 책을 구입하며 제거하기를 희망했던 바로 그것과 친구가 된다는 것은 무엇을 의미할까?

언뜻 생각하면 이상하게 들릴지 모르지만, 통증을 수용하는 것은 통증을 완화시킬 뿐만 아니라 정서적 여유, 신체 기능의 향상, 그리고 통증으로 인한 일상생활 저해의 감소를 가져다준다 (McCracken과 Vowles 2008). 수용은 당신의 통증을 무조건 감수하는 것을 의미하지 않으며, 당신 스스로를 통증을 가진 사람으로 규정하는 것을 의미하지 않는다. 그것은 통증을 삶의 일부로 기꺼이 경험하는 것을 의미하며, 통증이 계속되더라도 자신의 삶에 전념하고자 하는 의지를 뜻한다.

분노, 좌절, 그리고 우울의 대안으로서 수용을 모색하는 방법은 아주 많다. 우선, 나는 통증과 친해지기 위해 용기와 연민이 담긴 두 가지 행동을 당신에게 권한다. 통증을 용서하는 것과 통증을 교사로 삼는 것이 그것이다.

통증 용서하기

통증은 자기 방어적인 자극이다. 이상하게 들리겠지만, 만성통증은 일반적으로 미래의 고통으로부터 당신을 보호하기 위해 몸과 마음이 빚어내는 오해의 소산이다. 만약 당신이 만성통증의 핵심에 자리 잡은 보호본능을 인지한다면, 당신은 통증을 향한 여러 병적인 분노를 극복할 수 있을 것이다.

다음 문항들의 일부 혹은 전부를 활용하여 통증과 그것에 대한 감정을 기술하거나 아니면 단지 바라보라. 마음을 집중하기 위해 시작하기 전에 몇 분 동안 가볍게 호흡을 자각하거나 이완에 시간을 할애하는 것은 좋은 생각이다. 이 질문들을 스스로에게 던질 때, 통제할 수 없는 어떤 것이 올라오더라도 거부하지 마라. 모든 통찰과 관찰을 기꺼이 받아들여라.

1. 만약 당신에게서 통증을 느끼는 기능이 사라진다면 어떤 일이 벌어질까? 통증을 느낄 수 있는 능력이 당신에게 필요한 이유는 뭘까?

_____

_____

_____

2. 당신을 보호하고자 하는 만성통증에는 어떤 것이 있나? 통증은 당신을 어떻게 보호해 왔나?

_____

_____

_____

3. 당신에게 안정감을 주는 것은 무엇인가? 당신을 불안하게 만드는 것은 무엇인가? 이러한 것들은 통증과 어떤 관련이 있는가?

_____

_____

_____

4. 통증으로 인해 할 수 없었던 것과 할 수 있었던 것은 무엇인가? 당신이 다시 할 수 있었으면 하고 바라는 어떤 것이 있는가? 이젠 좀 그만두었으면 하는 어떤 일이 있는가?

_____

_____

_____

5. 당신이 통증을 통해 피하고자 하는 것은 무엇인가? 통증은 당신에게 무엇을 피하라고 말하고 있는가, 당신이 더 이상 피할 필요가 없는 것은 무엇인가?

_____

_____

_____

이 반성문을 완성한 다음, 그럼에도 불구하고 과거에 통증이 기여한 바가 있다는 것을 인정하고, 이제 불필요한 통증과 고통으로부터 자유로워질 준비가 필요함을 인식하라. "이 통증으로부터 자유롭기를" 그리고 "이 고통으로부터 자유롭기를"이라고 기도하라.

통증을 스승으로 받아들이기

통증을 비롯해 당신 삶의 그 어떤 것도 스승이 될 수 있다. 이 생각은 요가의 산스크리트어 운문 'guru devo maheshvara'에 잘 표현돼 있는데, "질병, 사고, 트라우마, 그리고 상실은 우리를 어둠으로부터 빛으로 인도하는 힘을 갖는다."라고 번역할 수 있다.

이 시는 삶에 대한 이상적인 태도를 표현하고 있지만, 우리의 현실은 다음과 같다. 단지 당신 자신이나 세계에 관한 몇몇 위대한 진실을 밝히기 위해 통증을 당신의 삶 속으로 끌어들이지는 않을 것이다. 여전히 모든 사람들은 통증을 경험한다. 당신이 굳이 통증을 초대할 필요는 없다. 통증이 나타나면, 그것은 마음과 정신의 가장 어두운 구석으로 당신을 몰고 간다. 하지만 당신은 또한 의식적인 선택을 통해, 그것이 당신을 더 큰 자비와 통찰로 이끌도록 만들 수도 있다. 인간은 자신의 경험에서 의미를 발견하는 특별한 능력을 갖고 있다.

통증이 스승(구루, 당신을 어둠에서 빛으로 인도하는)이 될 수 있다는 생각은 자신의 모든 경험을 통해 당신이 더 현명하고 강해질 수 있다는 사실을 상기시킨다. 통증은 허튼소리를 잠재우는 경향이 있다. 그것은 당신 인생에서 가장 문제가 되는 것을 아주 빠르게 드러낼 수 있으며, 당신이 자신의 인생을 어떻게 영위해왔는지 점검하도록 강요할 수 있다. 통증은 당신이 얼마나 강한 사람인지 보여줄 수 있다. 당신이 느끼는 공포와 희망에 한줄기 섬광을 비출 수 있다. 통증은 당신에게 인내와 용기를 가르칠 수 있다. 당신이 자신을 어떻게 돌봐야하는지도 통증은 가르쳐준다. 자신과 타인을 향한 당신의 연민 또한 일깨울 수 있다.

당신은 과거와 현재의 통증을 스승으로 삼을 수 있는데, 비록 바로 그 스승이 사라진다고 해도 그것은 가능하다. 자신의 통증을 스승으로 삼는 것은 통증에 매달리는 것과는 다르다. 불필요한 고통을 끝내는 법을 배우기 위해, 그것이 비록 통증이라 할지라도 당신의 모든 경험을 활용하라는 것이다.

통증을 스승으로 삼기 위해 다음의 질문들을 검토해보자.

1. 만성통증의 경험은 당신의 인생관에 어떤 영향을 주었는가? 통증을 경험하기 이전과 비교해 더 중요하게 여기는 것은 무엇이고 덜 중요하게 여기는 것은 무엇인가?

   _____

   _____

   _____

2. 통증을 치료하고 더불어 살고자 시도하면서 자신에 대해 알게 된 것은 무엇인가?

   _____

   _____

   _____

3. 특히 강한 통증이 일어날 때 당신으로 하여금 참고 견디게 하는 것은 무엇인가? 웰빙과 당신 자신의 건강을 유지하는 것에 관해 배운 것은 무엇인가?

   _____

   _____

   _____

4. 통증에 관한 어떤 생각들이 고통을 줄이거나 늘리는가? 고통을 악화시키는 통증에 관한 사고 유형이 있는가? 통증의 경험 속에서 의미를 발견하도록 돕는 사고의 유형이 있는가?

   _____

   _____

   _____

5. 다시 떠올린다고 해도 더 이상 통증을 느끼지 않는 만성통증의 경험으로부터 당신이 배운 것이 있다면 그것은 무엇인가?

_____

_____

_____

이 반성문을 완성한 다음, 당신이 통증으로부터 깨달은 교훈이 있다는 것을 인정하면, 당신은 통증과 고통으로부터 자유로워질 준비가 된 것이다. 스스로 기도하라. "이 통증에서 자유롭기를.", 그리고 "이 고통으로부터 자유롭기를."

제이슨의 이야기: 등과 목의 통증으로부터 의미 발견하기

31살의 연구원인 제이슨은 위쪽 등과 목에 만성통증이 있었다. 통증은 약 2년 동안 그를 괴롭혀 왔다. 제이슨은 그 통증으로 인해 위쪽 등에 대해 지속적으로 과도한 신경을 써야했으며, 특히 목 윗부분과 등 아랫부분을 무언가에 강하게 얻어맞은 듯한 통증이 오른쪽 견갑골의 통증과 더불어 정기적으로 발생했다.

제이슨은 통증이 약할 때는 그것을 무시하거나, 운동이나 수면을 통해 일시적으로 감소시킬 수 있다는 것을 알았다. 그러나 통증이 심할 땐, 통증 이외의 다른 어떤 것에 집중하기가 어려웠다.

통증은 또한 정서적인 소모를 불러오고 있었다. "나는 내 몸이 점점 망가져가는 것에 대해 실망하고 있었다. 어딘가 아프더라도 몸이 바로 회복되는 것을 전에는 당연하게 여겼었다. 이제 더 이상 그럴 수 없다는 것이 실망스러웠다. 통증이 영영 사라지지 않을 수 있다는 걸 깨달았을 때, 나는 매우 서글펐다."고 제이슨은 말했다.

이 슬픔은 제이슨에게 통증만큼이나 혼란스러운 것이었기 때문에 우리는 이것을 직접 다루기로 결정했다. 우리는 그가 자신의 통증을 스승으로 활용할 수 있을지에 관해 대화를 나누었으며, 통증이 완전히 사라질 수 없는 상황 속에서 어떻게 하면 통증과 더불어 좀 더 평화로울 수 있을지에 관해서도 의논하였다. 나는 제이슨에게 "통증은 당신의 무엇을 보호하려고 노력하는 것인지?" 질문을 던져보라고 요청했다. 그는 "지나친 과로요"라고 즉시 대답했다. 그는 과로의 정도와 통증의 정도가 정확히 비례한다는 것을 깨달았다. "때때로 전 시간 가는 걸 잊고 14시간에서 16시간을 일할 때가 있습니다. 이렇게 연달아 2~3일을 일하고 나면 통증이 찾아옵니다."

이러한 반응에 우리 두 사람 모두 놀랐다. 제이슨의 본래 목표는 통증이 일을 방해하지 못하도록 약화시키는 것이었다. 처음에 그는 나쁜 자세와 컴퓨터로 인한 인체공학의 문제로 통증을 이해하고 "편안하게" 일할 수 있는 환경을 만들기 위해 노력했다. 그것이 여의치 않자 요가를 떠올렸다.

한참을 생각한 끝에, 제이슨은 "이 통증은 나에게 주의를 기울이라고 강요하고 있던 거야. 자기를 바라보라고 말이야. 일을 멈추고. 통증이 가장 심해졌을 때, 내가 할 수 있었던 것은 주저앉는 것뿐이었어. 통증은 나에게 일을 멈추고 그저 가만히 있으라고 외치고 있었던 거지."라고 결론 내렸다.

나는 제이슨에게 일과 삶의 다른 영역들 간에 균형을 잡는 것이 계속 자신에게 문제가 될 것이라고 생각하는지 물었다. 그는 이제껏 그래왔다는 것을 인정하고, 통증을 겪는 동안 삶의 중심 과제는 통증이었다는 것에도 동의했다. 나는 제이슨에게 이 통찰이, 특별히 통증이 곧 바로 사라지지 않는다는 사실이 통증에 대한 그의 생각을 바꿨는지 질문했다. 잠시 생각해보고 나서, "만약 균형을 잡을 필요가 있다는 것을 통증이 알려주는 것이라면 그것이 완전히 사라지지 않는다고 해도 괜찮습니다. 최소한 내가 이 사실을 기억할 필요가 있는 한은 말이죠."라고 그는 말했다.

제이슨은 이제 자신의 통증이 의미하는 것이라고 믿는 바를 가슴에 새겼다. 그것은 서지 않고 앉는 것이며, 현재에 머무르고, 그리고 일을 멈추는 것이다. 그는 공식적인 명상수행을 실천하기로 결심했고, 매일 아침 맨 처음 하는 일이 명상이었다. 이것이 그가 생각할 수 있었던 통찰에 대한 가장 글자 그대로의 해석이었으며, 이렇게 명상에 전념하는 것이 통증이 자신의 일과 생활 사이의 균형과 연관돼 있다는 판단을 시험해 볼 수 있는 방법이라고 여기고 있다. 지금까지, 이 판단은 잘 맞아떨어지는 것으로 보인다. 통증의 강도와 빈도는 줄어들었다. 또한 제이슨은 자원봉사와 음악 감상을 위해 시간을 비워두고 있다. 전에는 이러한 "오락" 활동에 시간을 할애하는 것에 대해 죄책감을 느꼈지만 이제는 그것들을 치료의 개념으로 받아들인다.

제이슨의 통증은 과로로 인한 것이었을까? 얼마나 많은 육체적, 정서적, 그리고 사회적 요인들이 통증에 영향을 주는가를 고려해볼 때, 그것은 너무 단순한 설명인 듯하다. 그러나 제이슨의 업무에 관한 문제가 그의 통증의 원인들 가운데 하나이긴 하지만, 이것을 다루는 것이 통증과의 관계를 변화시키는 데에 도움을 주었다.

당신을 짓누르는 적으로 통증을 바라보는 대신에, 무언가를 배울 수 있는 스승으로 통증을 바라봄으로써, 당신은 믿을 수 없을 만큼의 힘을 얻고 치료될 수 있다. 빈번히 무의미함 속에 빠져들 때, 통증은 당신으로 하여금 의미를 발견하게 할 수 있으며, 당신이 통증으로부터 배운 교훈을 깨닫지 못하고 있다는 것을 당신 안에 존재하는 지혜가 알아차릴 수 있는 기회를 줄 수 있다.

호의를 바탕으로 앞으로 나아가기

이 장에 실린 수련과 반성은 당신이 당신만의 치료요가 수련을 개발할 수 있도록 준비시켜왔다. 당신이 호흡, 동작, 이완, 그리고 명상수련을 탐색해가기 시작할 때, 각각의 수련은 당신의 몸과 마음에 주는 선물이라는 것을 기억하라. 당신에게 가장 적합한 수련을 선택하려할 때, 하고자 하는 당신의 의지가 몸이 이끄는 것에 귀 기울이도록 허락하라. 고통으로부터 자유롭고자 하는 당신의 의지로 하여금 이 수련들을 일상의 한 부분으로 만들려는 결의를 다지도록 하라.

하나로 모으기

당신이 호흡명상이나 몸과 친해지는 수련들을 탐색해왔기에, 그 가운데 당신이 선호하는 두 가지를 혼합하여 하나의 치료수련 속에 담는 것을 고려해보라. 한편으론 다른 장들을 탐구하면서, 이 수련을 매일의 공식훈련으로 삼을 수 있을 것이다. 당신이 3장과 4장에서 배운 몇몇 수련들을 조합하는 예가 아래에 있다.

- 몸, 마음, 그리고 정신에 대한 자비 명상과 즐거운 호흡을 조합하라.

- 몸으로 호흡하기와 몸에 감사하기를 조합하라.

- 손을 얹고 호흡하기를 수련한 후 몸에게 귀 기울이기를 수련하라.

- 통증이 찾아오면, 몇 분 동안 경감 호흡을 실천하기 위해 노력하고, "이 통증으로부터 자유롭기를" 그리고 "고통으로부터 자유롭기를"이라는 구절을 읊으며 명상하라.

Chapter 5 몸 움직이기

통증의 작용 중 첫 번째가 몸을 굳게 하는 것이다. 근육을 당기고, 관절을 뻣뻣하게 하며, 운동 등의 육체활동에 대해 생각조차 하기 힘들게 만든다. 통증이 만성적이면, 당신은 쉽고 힘 있게 움직일 능력을 잃어버려 마치 몸속에 갇혀 있는 것처럼 느낄 것이다.

통증에 반사적으로 몸이 굳는 것은 몸을 보호하기 위한 자연스런 본능이다. 그리고 만성적인 통증을 느끼는 사람들은 다치는 것을 두려워해서 움직이는 것을 피한다. 하지만 길게 봐서는 움직임을 피하는 것은 일반적으로 통증을 더 심하게 한다. 부드러운 운동이 통증의 진행이나 운동기능의 상실로부터 스스로를 보호하는 훨씬 더 좋은 전략이다. 연구 결과들은 요가의 신체적 운동은 통증을 감소시키고, 운동기능을 향상시키는 것으로 만성적인 하부 요통(Sherman et al. 2005), 관절염(Kolasinski et al. 2005), 편두통(John et al. 2007) 그리고 손목터널 증후군(Garfinkel et al. 1998)을 포함하여 사람들이 운동하기 꺼리는 통증을 약으로써 감소시킬 필요를 줄여주는 것으로 보여주고 있다.

움직임에 대한 요가의 접근 방식은 특히 통증에 신음하는 사람들에게 좋은 운동이 된다. 당신은 자신의 몸에 맞추어 운동할 수 있고, 당신에게 최고로 좋게 느껴지는 움직임을 선택할 수 있다. 그리고 자신의 몸을 보다 편안하게 느낄 수 있는 방법을 배우는데 필요한 시간을 사용할 수 있다. 당신은 요가의 효과를 얻기 위해 무리하거나, 지나치게 힘을 주거나, 경쟁할 필요가 없다. 요가는 당신의 몸속에 이미 흐르고 있는 에너지를 해방시켜 막힘없이 소통시키고, 몸이 편안해짐을 느끼도록 회복시켜준다.

몸의 자연치유 에너지를 이용하기 위해서, 요가 전통은 두 가지 방식의 육체운동을 발달시켰다. (1) 다양한 자세를 취하되, 각 자세를 일정시간 유지하는 것(아사나) (2) 호흡과 움직임을 일치시켜 자세를 물 흐르듯이 이어나가는 것(빈야사). 이 장에서는 만성적인 통증을 겪고 있는 사람을 돕도록 제시된 움직임과 자세를 이용하여 두 가지 방식 모두를 배울 수 있도록 안내한다.

이 장에서의 요가운동은 당신을 이렇게 도울 수 있다.

- 육체적인 긴장과 스트레스 이완
- 기분을 고양시키기
- 신경계의 자연적인 진통억제 화학물질 방출
- 일상생활에서 힘과 에너지를 회복하기
- 몸의 신호를 잘 듣고, 자신 스스로 돌보는 방법 배우기

규칙적인 수련을 통해, 이 장에서의 운동은 당신의 몸을 만성적인 통증의 굴레에서 벗어나게 하고, 당신에게 움직임이 갖고 있는 본래의 즐거움을 일깨워 줄 것이다.

몸을 움직이는 데 있어서의 요가의 접근 방식

빈야사, 다른 말로 '호흡과 함께 몸을 움직이는 것' 은 요가에서 움직임의 기초다. 빈야사의 간단한 예를 들면, 숨을 들이마시며 팔을 머리 위로 올리고 내쉬며 팔을 내리는 것이다. 책을 잠시 내려놓고 지금 이 움직임을 한번 따라 해보라. 숨을 들이쉬며 팔을 들고, 숨을 내쉬면서 팔을 내려라.

요가란 몸과 마음과 영성의 재결합이다. 요가를 이해하는 열쇠는 어떤 점에서 움직임과 호흡을 완전히 결합시키는 매우 간단한 것에 달려 있다. 움직임에 맞추어 호흡을 정확하게 일치시키는 것이다. 당신이 숨을 들이쉬는 동안, 호흡과 함께 계속 팔을 들어 올린다. 단순히 팔을 들고 있기만 하는 것이 아니다. 그리고 당신이 팔을 머리위로 들어 올리고 있을 때, 당신은 숨을 들이 마시고 있어야 한다. 당신이 팔을 움직이고 있으나 호흡을 멈추고 있다면 그 시간은 의미가 없고, 당신이 호흡하고 있으나 팔을 멈추고 있다면 그 또한 의미가 없다. 다른 말로 하면 당신의 몸의 움

직임과 숨을 들이쉬고 내쉬는 것에 분리가 있어서는 안된다.

이것을 염두에 두고, 팔을 드는 동작을 다시 해보라. 숨을 들이쉬면서 호흡과 함께 팔을 위로 들어 올려라. 숨을 천천히 내쉬면서 팔을 천천히 내려라.

움직임이 이번에는 조금 다르게 느껴지는가? 아마도 좀 더 의도적이면서 명상적이지 않았는가? 호흡과 몸에 대해 좀 더 자각이 되지 않았는가? 당신이 움직임과 호흡을 완전히 일치시키는 법을 배우게 되면, 간단한 동작이더라도 강력한 치유명상이 될 것이다.

아사나, 다른 말로 '자세를 취하는 것'은 보통 사람들이 '요가'라는 단어를 들었을 때 떠올리는 대표적인 모습이다. 평소와는 다른 형태로 몇 번의 호흡이나 수 분동안 자세를 유지하는 것이다. 에너지 흐름을 원활하도록 몸을 움직이지 않고 자세를 취한 채 있어야 한다는 것은 이상하게 보일 수 있다. 어쨌든 간에 몸 외부 움직임의 정지는 당신에게 몸 안에 이미 존재하는 에너지의 흐름을 관찰할 기회를 준다. 요가에서, 당신은 달리기를 해서 심박수를 올리는 것으로 많은 에너지를 발생시킬 필요가 없다. 요가를 통해 당신은 몸을 움직이면서 호흡과 함께 이미 당신의 몸속에 있는 에너지의 흐름과 몸의 느낌을 알아차린다. 자세를 취하며 몸을 정지 하는 것은 당신이 그것을 느끼도록 돕는다.

각각의 자세를 통해 또한 당신의 마음을 수련할 수 있다. 각각의 자세에서 당신의 목표는 더 몸을 유연하게 하거나 자세를 더 길게 유지하려고 노력하는 것이 아니다. 당신이 목표로 삼아야 할 것은 강한 자극이 오거나 유지하는데 힘이 드는 자세에서도 마음의 평온을 체험하는 것이다. 요가 자세를 취하는 중에 마음의 평화를 찾는 법을 터득하면 당신은 인내와 용기와 현존을 필요로 하는 삶의 난관에 어떻게 대처해야 되는지 또한 배우게 될 것이다.

요가자세를 취하는 가장 좋은 방법 혹은 어떤 힘든 상황에서도 스트레스를 덜 받는 방법 중의 하나는 당신이 3장에서 배웠듯이, 호흡의 느낌에 집중하는 것이다. 호흡을 자각하는 것은 마음을 고요하게 하고, 당신이 그 자세가 당신의 몸에 미치는 느낌에 접촉해 거기에 머물러 자각하도록 돕는다. 따라서 아사나에 있어서 빈야사와 마찬가지로 호흡은 요가수련이 치유력을 갖게 하는데 가장 중요한 요소가 된다. 요가의 이완과 명상 수련을 배우면서도 이 원칙을 다시 보게 될 것이다. 당신이 새로운 것을 수련하게 될 때마다 호흡이 하는 역할을 확실히 느껴라. 호흡에 대한 지속적인 집중은 모든 수련이 치유의 에너지로 가득 차게 할 것이다.

요가는 심장병과 암, 당뇨병, 그리고 에이즈 등을 포함한 의학적인 상태의 넓은 영역에서 도움이 되는 것으로 나타났다. 요가는 또한 엉덩이 대체 수술이나, 무릎 관절경 검사, 그리고 척추수술로부터 재활하는 데에도 사용되어져 왔다.

그러나 그것은 모든 요가 자세나 움직임이 어떤 상황에서도 안전하다는 것을 의미하지는 않는다. 관절에 대한 큰 수술은 영구적으로 관절 움직임의 범위를 감소시킬 수 있다. 하지만 이런 한계는 수술과 개개인에 따라 매우 다르다. 당신의 주치의나 물리치료사에게 어떤 움직임이(그런 것이 존재한다면) 당신에게 금기시되는 지 물어라. 만약 당신이 조정 불가능한 고혈압이나 안압으로 인한 녹내장 같은 질환이 있으면 머리를 심장보다 아래쪽에 놓는 자세(서서 앞으로 몸을 숙이는 자세와 같은)가 당신에게 안전한지 물어라. 만약 골다공증이나 척추질환이 있으면, 당신은 척추에 자극이 강한 움직임이 있는 자세(옆으로 비틀거나 등을 늘리기 위해 척추를 둥글게 마는 자세)에서 특히 가볍게 해야 할 것이다.

유감스럽게도 특수한 상황에 있는 누구에게나 허용되는 움직임의 지침은 존재하지 않는다. 하지만 의사의 조언과 당신의 신체의 반응을 느끼고자 하는 스스로의 노력으로, 당신은 어떤 움직임에서든 다칠 확률을 크게 낮출 수 있다. 움직임은 치유 요가 수련에서 단지 한 부분일 뿐이다. 몇몇 자세가 당신의 몸에 적합하지 않더라도 당신은 호흡과 이완, 명상을 통해 풍부하고 충만한 요가 수련을 지속할 수 있다.

다치지 않고 치유하는 움직임에 관한 다섯 가지 지침

만성 통증을 지닌 많은 사람들은 다른 형태의 운동을 하다가 다친 적이 있어서 요가와 같은 새로운 무언가를 시도해보는데 거부감을 가지고 있다. 요가에 대한 잘못된 선입견인 곡예사의 유연함이 필요하다는 것은 문제를 전혀 해결해주지 못한다. 사실은 어떤 형태의 움직임도 당신이 어떻게 그것에 접근하느냐에 따라 해로울 수 있거나 치료에 유익할 수 있다는 것이다. 이 장의 요가 움직임들은 웬만한 사람들이라도 접하기 쉬운 것이다. 다음의 지침들은 요가 수련이 당신의 통증을 강화하는 게 아니라 완화해줄 수 있도록 당신을 이끌 것이다. 당신은 이 지침을 어떤 형태의 움직임이든 간에 활동하면서 동시에 자신의 몸을 안전하게 할 수 있도록 적용할 수 있다.

▬▬▬ 노력과 편안함의 균형

당신은 아마도 요가와는 다른 형태의 운동이나 스트레칭을 100%의 노력으로 행해본 적이 있을 것이다. 최선을 다해, 스스로를 한계에 가까이 밀어붙이며 말이다. 이런 접근방식은 만성적인 통증을 치유하는 것이 아니라 오히려 야기한다. 그리고 요가에서 이것은 부상으로 이어지는 급행

열차라고 본다.

당신의 한계를 시험하는 대신 50~60%의 노력에 머물도록 해보아라. 당신은 부드럽게 숨을 쉬면서 당신의 자세를 안정되게 유지하라. 어떤 요가의 움직임과 자세에서도 입가에 미소를 잃지 말라. 몸과 마음의 최소한의 긴장으로, 움직임과 자세를 취하는데 적당한 만큼만을 발휘하도록 노력하라.

만약 당신이 호흡을 참거나 헐떡대는 것을 발견하게 된다면, 당신은 필요이상의 노력을 하고 있는 것이다. 만약 당신이 요가자세를 즐기기보다 유지하는데 싸우고 있다는 느낌이 들면, 노력을 조금 덜거나 쉬어라. 그리고 더 편안하고 부담스럽지 않게 다시 시도해보라.

적절히 힘을 주는 것은 당신의 몸을 더 안전하게 할 뿐 아니라 당신은 더 많은 수확을 얻을 것이다. 50~60%의 노력에 머물러 있는 것은 당신에게 한 자세를 충분히 유지하여 몸의 습관을 변화시키고 힘과 균형, 유연성을 기르는데 필요한 에너지와 편안함을 제공해 줄 것이다.

━━━ 관심 기울이기

요가의 움직임은 몸과 마음을 통합하기에 치유력을 가지고 있다. 요가는 마음이 다른 것에 팔려 있는 상태에서 몸만 할 수 있는 운동이 아니다. 알아차림은 당신이 무엇을 하고 있는 지와 그것이 어떻게 느껴지는지에 주의를 집중하는 것으로 움직임과 자세의 온전한 혜택을 얻게 한다. 반대로, 주의가 집중되지 않을 때는 통증과 스트레스를 불러오는 오랜 습관을 강화하게 한다.

당신이 움직임 또는 자세를 수련할 때 무엇을 하고 있으며 그것이 어떻게 느껴지는지에 진심으로 주의를 집중하여라. 당신의 호흡, 생각, 감정, 몸 느낌에 머물러 있어라. 당신의 몸과 마음 전체가 움직임을 경험하게 하고 그 혜택을 받아보아라.

이것은 어떤 자세가 몸에 강한 느낌을 불러올 때에 특히 중요하다. 강한 느낌은 깊게 스트레칭을 하거나 당신을 보호하기 위해 근육이 작용할 때 지각되는 것이다. 특히 그것을 통증과 함께 배울 때 이런 불편한 느낌들을 멈추게 하고 싶을 것이다. 이것은 요가 자세를 취할 때 통증과 몸에서 일어나는 긍정적인 변화 사이의 미묘한 전환점이다. 만약 당신이 진정으로 그 자세가 어떻게 느껴지는지 주의를 집중하지 않으면, 안전하고 건강한 느낌이 당신에게는 고통으로 느껴질 수 있다. 이것은 통증과 긴장을 증가시키는 스트레스 반응을 촉발시킬 것이다. 다른 한편으로 당신이 몸에 대해 진실한 경고를 하고 있는 느낌을 무시한다면, 부상의 위험에 노출될 수 있다. 그러나 당신이 몸 느낌에 흥미를 가지고 머무르며 스스로를 지나치게 압박하지 않으면 당신은 스스로를 부상으로부터 지키면서도 강하지만 안전한 느낌을 통해 이완하는 법을 알게 될 것이다. 각각의 자세에서 몸에 대한 관심과 친밀감을 갖도록 하여라. 만약 자세를 취해서 고통스럽거든 자세를 풀고 휴식을 취해라.

카르마의 법칙을 따르라

요가 철학에서, 카르마(karma)란 모든 행위에는 결과가 따른다는 것을 의미한다. 이것은 모든 요가 자세에 해당된다. 하지만 자세의 효과는 사람에 따라, 혹은 매일 매일 달라질 수 있다. 당신의 요가 수련이 건강하면서 위험하지 않도록 하기 위해서 당신은 카르마를 이해해야 한다.

당신이 수련할 때 각각의 움직임이나 자세가 당신의 몸에 미치는 영향을 자각하라. 당신은 편안하게 느끼고 있는가? 호흡이 가쁜가? 아니면 편한가? 몸에 대한 새로운 느낌은 있는가? 만약 그렇다면 그것이 고통스러운가? 아니면 편안한가? 만약 당신이 그 자세를 취하는 방법을 약간 바꾼다면, 어떻게 다르게 느껴지는가? 자세를 끝낸 다음 더 많은 통증이 느껴지는가? 아니면 더 적은 통증이 느껴지는가? 자세가 당신 몸의 긴장을 증가시켰는가?, 아니면 이완시켰는가?

카르마를 이해하는 것은 당신이 그 날의 늦은 밤에 어떻게 느꼈는지, 심지어 다음날까지 당신의 감정에 대해 주의를 가지고 관찰한다는 것을 의미한다. 당신의 통증이 늘었는가? 줄었는가? 당신은 스트레스를 더 받은 것 같은가? 아닌가? 당신의 활력은 어떠한가? 기분은 어떠한가? 잠은 잘 잤는가?

당신이 수련 결과에 대해 주의를 잘 집중함에 따라, 어떻게 가장 잘 치유하는 수련이 되게 할 수 있는지 알게 될 것이고, 당신에게 도움이 되지 않는 자세나 움직임은 피하게 될 것이다. 이 가르침은 삶의 다른 부분에도 영향을 끼치게 될 것이다. 당신이 몸의 소리를 잘 듣고, 지혜와 연민으로 자신을 잘 돌보도록 할 것이다.

상상력을 발휘하라

요가에서 몸과 마음을 결합시켜서 얻는 가장 큰 통찰중 하나는 상상력의 힘이다. 전통적으로 요가수행자들은 실제로 움직임을 하기 전에 그 움직임을 상상하는 것이 몸과 마음이 최적의 혜택을 받을 수 있게 준비해 둔다는 것을 믿어왔다. 당신은 이 원리를 어떤 움직임이든 통증으로부터 더 자유롭게 할 수 있도록 사용 할 수 있다.

그것은 아마도 희망적인 생각처럼 느껴질 수 있을 것이다. 하지만 신비주의나 바보 같은 생각은 결코 아니다. 움직임을 상상하는 것이 몸이 더 편안하고 용이하고 능숙하게 움직일 수 있도록 준비해준다는 것이 과학자들의 연구결과를 통해 사실임을 보여주고 있다. 당신이 움직임을 상상하게 될 때, 당신은 그 특정한 움직임에 필요한 뇌와 신경계를 활성화시키게 된다. 당신의 근육조차도 움직이거나 이완하기에 최적으로 준비시켜놓는다. 이완되어 있을 때 움직임을 상상하는 것은 또한 불필요한 스트레스, 육체적 긴장, 그리고 실제 움직임에서의 불편함을 방지한다. 전형적인 통증이 강한 움직임을 통증이 없는 것으로 상상하는 것은 뇌가 그 움직임을 덜 고통스럽게 받아들이게 훈련시켜 준다.

새로운 움직임을 시도하기 이전에 지시사항을 읽고, 사진을 보고, 그리고 움직이는 것을 상상해보라. 그 후에 눈을 감고 그 움직임을 하는 것이 어떻게 느껴질 것인지를 우아하고 편안하게 상상해보라. 어떤 자세나 움직임이 당신에게 불편하게 느껴질 때, 당신은 언제든 눈을 감고 그 자세를 호흡과 일치시켜 고통스럽지 않게 수련하는 것을 상상할 수 있다. 당신이 몸으로 그 자세를 취하지 않는다 하여도, 실제로 당신의 몸과 마음에 치유의 길로의 문을 열어줄 것이다. 당신은 또한 침대에서 나와 자전거를 타는 것이나, 당신이 걱정하는 곧 닥칠 상황이나, 의료 진료과정부터 대중연설까지, 어떤 움직임에나 요가의 상상하는 기술을 적용할 수 있다. 움직임이나 상황을 이완된 몸과 호흡으로 상상하면 당신에게 닥친 난관 등을 해결하는데 큰 도움이 될 것이다.

일관성을 갖되 완고해지지 마라

요가를 너무 복잡하게 하거나 지나치게 시간을 잡아먹도록 스스로를 몰아가지 마라. 매일 조금씩 운동하는 것이 일주일에 한 번씩 한 시간 동안 운동을 하는 것보다 낫다. 하루에 여러 번 몇 분씩 운동을 하는 것이 훨씬 좋다. 만약 당신이 수련을 할 때마다 이 장에 있는 전체 연결동작을 모두 해야 된다는 태도를 갖고 있거나, 매일 요가를 하는데 너무 많은 시간을 쓰게 되면, 요가를 하는데 불필요한 장애가 생기게 될 것이다.

가장 중요한 것은 요가가 당신 삶의 규칙적인 일부분이 되도록 만드는 것이다. 당신은 치유의 방식으로 당신의 몸에서 몸과 함께 머무는 습관을 갖고 싶어 한다. 이 습관이 뿌리를 내리게 하려면, 여기저기 몸을 움직이는 것에서, 호흡, 스트레칭, 이완하는데 5분에서 10분정도 시간을 가져라. 이 장에 있는 연결동작은 고정된 처방이 아니다. 그것은 제시된 순서대로 할 필요가 없을뿐더러 정해진 시간동안 해야 되는 것도 아니다. 당신은 하나 혹은 둘의 움직임이나 자세를 선택해 독립적인 수련으로 할 수 있다. 어떤 자세든지 좋아하는 호흡과 명상, 또는 이완을 짝을 지어 실습하면 당신만의 작은 치유자세를 만들 수 있다. 당신의 생활에 적합한 짧은 실습에 대해 자세히 알고 싶다면 제 8장을 보라.

안전을 지키는 것: 감각느낌을 바라보기

안전한 요가는 넓은 영역의 흥미와 새로운 감각느낌을 느끼게 할 수 있다. 좋은 스트레칭으로 천천히 긴장이 사라지는 것, 당신이 가지고 있는지도 몰랐던 근육들의 깨어남, 호흡이 닿지 않는다고 느꼈던 부분에까지 도달하는 호흡의 느낌 등. 감각느낌들은 당신이 몸에 대해 배우는데 도움을 주며, 당신의 몸에서 발생하는 감각느낌을 바라보는 것은 자신 안의 능력이 있기에 치유하는 명상이 될 수 있다.

그렇지만, 몇 가지의 감각느낌은 자세를 그만 풀어야 할 때와 이후에는 가능하면 이 자세를 피하라고 알리는 신호가 되기도 한다. 만약에 다음의 몸느낌이 느껴지면 자세를 풀고 휴식을 취하라.

- 당신이 스트레칭을 계속하는데 불편함이 증가될 때. 당신이 강제로 하지 않는다면, 이때는 스트레칭을 계속해야 한다. 적어도 당신이 자세를 유지하고 있을 때는 편안해야 한다.

- 한 요가자세 이후 다음 자세로 넘어가는데 불편함이 증가될 때. 예를 들어 어제는 괜찮았던 동작이 오늘은 불편하다면, 이것은 당신이 자세를 지나치게 무리해서 취했다는 것을, 그리고 당신의 몸이 휴식을 필요로 한다는 것을 의미한다.

- 애씀의 결과나 불편함에 의해 숨을 부드럽고 깊게 쉬지 못하게 될 때. 이것은 당신이 당신의 몸에 대해 너무 심하게 하고 있거나, 아니면 당신의 몸이 이 자세의 격렬함에 긴장하는 반응을 하고 있는 것이다. 이때 가장 좋은 전략은 적게 하는 것이다. 이것이 더 많이 받는 것이다.

- 어떤 고통이든 날카롭고 욱신거릴 때

- 감각이 없어질 때

이런 느낌들은 당신이 요가수련을 통해 얻고 싶은 긍정적인 변화보다 부상에 더 가깝다. 당신은 자세를 강제로 취하거나 그 자세를 너무 오래 취하고 있는 것이다. 또는 이 시점에서는 그 자세가 당신을 치유해주는 자세가 아닐지도 모른다.

요가는 미래가 아니라 지금 당장 당신이 자세를 취할 때 몸이 편안하게 느껴져야 한다는 것을 알고, 당신의 감각느낌에 대해 판단을 해라. 어떤 요가수련이든 더 좋은 게 아니라 당신이 더 불편하게 느껴진다면 그것을 그만두고 당신에게 맞는 다른 수련을 찾아라.

그레그(Greg)의 이야기: 더 적게 해서 더 많이 받기

40대 초반의 사무관리직으로 있는 그레그는 운동에 대해 애증관계에 있다. 일요일이면 농구장이나 등산으로 과다하게 운동을 해 월요일에 겨우 침대에서 일어나는 정도로, 그는 말 그대로 주말의 전사였다. 그리고 그는 남은 주간을 체육관에서 운동하는 것이 아니라 회복하는 데 사용했다. 이런 행동을 20년 정도했더니 무릎과 척추에 만성적인 통증을 느끼게 되었다. 그래도 그는 여전히 활동적인 것을 좋아하는 반면에 월요일이 오는 것을 두려워하기 시작했다. 그레그의 경쟁적인 성향과 더불어 그가 주말의 활동을 잘하기 위해서는 통증을 위한 약이 필요했다.

그레그의 주치의는 요가를 더 부드러운 방식으로 건강을 유지하고 그의 무릎과 등의 통증을 완화시키는 방법으로 추천했다. 그레그는 운동선수들을 위한다고 광고하는 지역의 요가원에서 수업을 받아보기로 결정하였다. 그것은 그가 기대했던 부드러운 수업과는 거리가 멀었다. 방은 거의 100도 가까이 가열되고, 강사는 수업을 신병훈련소같이 했다. 그레그는 강사의 지시를 따르며 어떤 자세에서든 그가 할 수 있는 최선을 다했다. 그렇지만 그는 다른 수강생들이 얼마나 더 유연한지 보는 것을 피할 수 없었고, 그것이 그가 더 박차를 가하게 했다. 수업이 끝나면 그레그는 기진맥진하게 되었지만 유쾌했고, 그것은 마치 농구게임을 끝낸 것과 같았다.

불행하게도 다음날 그레그는 걷기조차 힘들었다. 핫요가수업에서 그는 기적적이게도 그의 허리를 굽혀 발가락에 손을 댄 적도 있었는데, 이제는 그의 무릎에도 겨우 닿게 되었다. 그러나 그레그는 요가수업을 즐기기는 했지만 딜레마에 봉착했다. 요가가 지금까지 하던 운동과 비슷한 것인가? 아니면 그가 계속해서 한다면 언젠가 그의 통증을 치료하게 해줄 것인가?

그레그는 자존심 때문에 요가를 그만두지도 않았고, 그 신병훈련소 같은 요가원에도 돌아가지 않았다. 그는 두 가지의 다른 요가 수업을 받아 보았고 학생들이 스스로의 페이스에 맞추고 자세를 할 수 있는 데까지 하도록 격려 받을 수 있는 초심자들을 위한 수업을 찾았다. 거기에는 경쟁이라는 것이 존재하지 않았다. 강사는 수업에서 호흡에 주의를 두는 것과 불필요한 긴장을 이완할 것을 강조했다. 그레그는 요가수업에서 압박감을 느끼지 않았고, 반면에 수업이 끝난 후에는 좋은 느낌을 받았다. 다음날 그는 한층 더 기분이 좋아졌다. 침대에서 나왔을 때에는 훨씬 덜 뻐근했고, 그는 사무실 책상에 예전과 같은 목과 등의 심한 통증없이 앉을 수 있었다. 주간 요가수업을 며칠 해 보고 나서, 그레그는 요가가 효과가 있었다고 확신했다. 그는 수업에서 가장 기본적인 움직임 몇 가지를 배웠고, 집의 거실에서 편안하게 짧은 운동을 일상과정으로 시작했다. 그는 매일 일이 끝나면 15분 정도 운동을 했다. 그는 그에게 가장 부담이 되는 스트레칭을 끈기 있게 하였다. 이 짧은 매일의 일과는 일주일 내내 요가의 혜택을 느끼게 하기에 충분했다. 그는 가볍고, 자유롭고, 몸이 더 이완되었음을 느꼈다. 원래 그레그는 그의 격렬한 주말전사 상태를 요가를 통해 도움받기를 희망했었다. 놀랍게도, 그는 자신이 운동에 대해 보다 균형있는 접근을 취하고 있는 것을 발견했다. 주중에 전만큼의 통증을 느끼지 않기 때문에, 그는 점심시간마다 가벼운 운동을 위해 사무실의 운동 시설에 갈 수 있었다. 주말에는 그가 한계에 도달하고 있는지를 그의 에너지와 신호를 통해 더 주의 깊게 살필 수 있었다. 그의 몸을 지나치게 혹사하지 않도록 해 월요일마다 반복되던 통증을 피할 수 있게 되었다.

그레그의 이야기는 당신이 어떻게 요가 수련에 접근해야 하는 지에 대한 좋은 사례이다. 오히려 당신의 통증을 악화시킬 수 있는 태도로 요가에 접근하는 것에 더 이끌릴 수 있다. 경쟁심, 자아비판, 불안, 공포, 회피, 그리고 조급함은 당신이 가장 관심을 두고 있는 것에서 벗어나도록 이끌 수 있다. 당신이 요가를 통해 치유의 효과를 확실히 보려면, 수련하는 동안 지금하고 있는 경험이 당신에게 요가가 줄 장기적인 혜택에 대한 지침이 된다는 것을 명심해라. 만약 수련과정이 스트레스가 된다면, 그것은 당신의 평소 스트레스를 감소시켜주지 못할 것이다. 또한 만약 수련과정이 고통스럽다면, 그것은 당신의 통증을 완화시키지 않을 것이다. 하지만 만약 당신이 몸을 움직이고 스트레칭하면서 조차도 정신적으로 이완되고 육체적으로 편안한 상태에 머무를 수 있다면, 당신은 그 감각들을 자신의 삶의 부분들로 할 수 있는 옳은 길에 서 있는 것이다. 당신이 이 책에서의 연속동작에 머무르던 아니면 DVD와 요가 수업을 받던 간에, 당신의 몸이 당신에게 맞는 것을 말하게 하라. 그리고 무언가가 당신이 더 기분 좋게 느끼게 한다면, 그것을 삶의 일부분으로 만들어라.

연속동작(the sequence)

다음의 연속동작들은 기본적이면서 자세와 움직임을 포함한 균형 잡힌 수련으로 만성적인 통증을 지닌 사람들을 돕도록 예시되었다. 이 연속동작은 6쌍의 활동적인 자세와 당신의 이완을 도와줄 부드러운 3개의 자세를 한 세트로 해서 구성되었다. 각각의 활동적인 자세의 쌍은 빈야사(vinyasa, 두 자세간의 연속적인 흐름을 갖는)와 분리해서 각각 취할 수 있는 자세로 표현된다. 이 연속동작에서 활동적인 자세를 훌륭하게 연습하는 방법은 각각의 쌍을 처음에는 호흡에 맞추어 각 자세를 연결해서 하는 것으로 접근하는 것이다. 그리고는 다음 자세로 넘어가기 전에 각각의 자세를 5~10회의 호흡동안 유지하라. 항상 자세 간에 흐름사이에서 몇 번의 호흡동안 쉬어라. 그 시간을 당신의 몸과 마음, 영성에 움직임의 효과가 어떻게 나타나는지 관찰하는데 사용하라. 이런 접근방식은 연속동작의 치유 효과를 극대화시킨다. 마지막의 세 가지 부드러운 자세는 5~10회의 호흡동안 아니면 더 길게 취할 수 있다. 이 자세들에서 애써서 하기 보다는 이완하라. 각각의 자세에서 몸과 호흡에 남아있는 어떠한 긴장이라도 내려놓아라.

각각의 자세에는 무엇을 해야 하는지 등의 그 자세를 취하는 방법에 대한 지침이 감각느낌에 대해 무엇을 알아차리고 느껴야 하는지에 대한 것과 같이 포함되어 있다. 자세에 대한 지침은 그 동작을 안전하게 취하도록 돕기 위한 것이다. 각각의 자세를 당신이 할 수 있는 만큼 그 지침을 최대한 따르라. 그 다음엔 스스로 자세를 경험해서, 편안한가? 고통스러운가? 자세를 즐기고 있는가? 등을 스스로에게 물어 자신이 그것을 제대로 하고 있는가에 대한 주요한 피드백의 원천으로 삼아라. 몸느낌과 호흡은 당신이 취한 자세가 안전하고 치유효과를 갖는지에 대한 최고의 피드백을 줄 것이다.

그 자세가 적어도 지금 당신에게 맞지 않는다는 가장 명백한 신호 중 하나는 각 자세의 지침대로 호흡과 몸느낌에 정신을 집중하기 힘들 정도로 강하고 불편한 느낌을 경험하였을 때이다. 이런 일이 발생할 때는, 당신이 호흡과 다른 안내받은 몸 느낌을 충분히 편안하게 집중해서 느낄 수 있도록 자세를 수정해라. 만약 자세를 취했을 때 여전히 통증이나 긴장이 지배적이면 자세를 풀고 쉬어라. 그리고 다른 연속동작을 시도하라.

당신은 이 연속동작을 제시된 대로 연습하거나 당신의 필요에 의해 짧은 수련프로그램으로 만들어 할 수 있다. 8장에는 개인적인 수련 프로그램을 만드는 지침과 함께 개별화된 수련프로그램의 예가 제시되어 있다.

각각의 연속동작을 위해, 의자를 지지대로 사용하는 수정된 자세의 버전도 나와 있다. 이 의자를 사용하는 버전은 기본 동작 만큼의 효과를 주지만 당신이 관절에 보다 부드럽고 균형과 근력을 키우는데 특별한 도움을 주는 자세를 찾는다면 더 선호할 만하다. 당신은 의자를 사용한 동작들이 매트를 깔거나 바닥을 이용할 수 없는 곳에서도 요가를 하기에 훌륭한 방법이라는 것을 발견할 수 있다. 간단한 의자 요가 동작은 사무실에서, 대기실에서도, 그리고 공항에서도 좋은 휴식이 될 수 있다.(당신을 이상하게 생각하는 사람들은 무시해라. 즉흥적인 요가의 이점은 공공장소에서 모범적인 사람이 되는 것보다 가치가 크다!)

당신이 필요한 것

요가 매트(미끄러지는 것을 방지하기 위해 일명 "달라붙는 매트")가 도움이 되지만 꼭 필요하지는 않다. 당신은 다른 종류의 매트를 사용할 수 있고, 딱딱한 바닥, 카펫도 지지받는다고 느끼는 한 사용할 수 있다. 바닥위에서 하는 자세(floor poses)를 위한 매트, 타월, 담요가 당신을 더욱 편안하게 해줄 것이다. 어쩌면 당신은 주변의 튼튼한 의자를 의자 변형 동작을 취하기 위해 원할 수 있다.

당신에게 필요 없는 것

가능하면 맨발로 수련하라. 당신의 편안함이나 호흡에 방해될 수 있는 장신구, 시계 또는 꼭 끼는 옷을 벗어라. 또한 수련할 때 마다 거울 앞에서 하는 것을 추천하지 않는다. 자세를 처음 배울 때에는 약간의 시각적인 피드백이 도움이 될 수 있지만, 거울은 당신이 몸으로 자세를 느끼는 것을 방해하고, 스스로에 대한 비판이나 주의를 흐트러지게 하기 쉽다. 당신이 자세를 취할 때 어떻게 보이는가에 신경쓰느라 에너지를 사용하는 것보다는 자세에 대한 느낌을 몸의 안팎에서 느끼는 것이 더 좋다.

태양 호흡(SUN BREATH)

– 산 자세와 태양 자세–

이 자세들은 호흡의 흐름과 몸 안의 에너지를 당신과 연결시켜준다.

시작 : 산 자세

들숨 : 태양 자세

날숨 : 산 자세

산 자세(mountain pose)

산 자세는 통증없는 자세를 탐색하고, 스스로에 대한 확신을 상징으로 표현할 수 있는 기회를 준다.

방법 : 두 발을 붙인 채 또는 엉덩이 너비만큼 벌려 선다. 서 있는 것이 어떻게 느껴지는지 탐색한다. 그리고 당신에게 가장 편안한 자세를 찾는다. 안정적이고 균형이 잡혔을 때, 손을 가슴 앞에서 모은다. 눈을 감거나 손끝을 바라본다.

의식 : 두 발의 착지와 몸의 균형감, 그리고 손을 심장 앞에 모으고 호흡의 움직임을 느낀다.

태양자세(sun pose)

태양자세는 호흡을 자연스럽게 깊어지게 하는 따스하고 환한 즐거움을 주는 자세다.

방법: 두 팔을 머리 위로 들고, 손과 손가락을 쫙 펴고, 부드럽게 위를 쳐다본다.

의식: 상체의 늘어남과 들어 올림을 느끼고, 배와 흉곽의 움직임을 통해 호흡을 알아차린다.

전사자세(THE YOGA WARRIOR)

–평화로운 전사자세와 용감한 전사자세–

전사 자세는 당신을 내면의 힘과 평화와 연결시켜 주면서 몸을 강하게 한다.

시작: 평화로운 전사자세

들숨: 용감한 전사자세

날숨: 평화로운 전사 자세

평화로운 전사자세(peaceful warrior pose)

평화로운 전사자세는 무엇인가 하거나 바꿀 필요 없이 호흡과 감각느낌을 편안하게 이완시켜주는 기회를 가져다준다.

방법: 한 쪽 발을 앞으로 내딛고, 안정된 돌진자세를 시작하기에 충분하게 다리를 앞뒤로 벌린다(용감한 전사자세를 위해), 앞무릎을 구부려서 시험해본다. 앞무릎이 바로 앞발의 발가락까지가 아니라 뒤꿈치 위에 있도록 한다. 그런 다음, 쉬는 자세로 척추를 편안하게 이완한다. 앞 다리와 뒷다리를 쫙 펴고, 두 손은 가슴 앞에 모은다. 눈은 감거나 손 끝을 쳐다본다.

의식: 다리의 힘과 안정감, 얼굴의 이완감, 그리고 손을 가슴 앞에 모으고, 호흡의 움직임을 느낀다.

용감한 전사 자세(courageous warrior pose)

용감한 전사자세는 전신에 활력을 주고, 열린 마음과 적극적인 자세로 삶을 만나는 느낌을 경험하게 해 준다.

방법: 앞무릎을 구부리고 팔을 머리위로 올린다. 어깨와 목의 힘을 뺀다. 부드럽게 위쪽을 쳐다본다. 손과 팔을 위로 뻗어 올릴 때, 양발은 마치 땅속에 뿌리를 내리듯이 지지해라.

의식: 두 발로 자세를 취할 때의 강함과 안정된 착지감, 배와 갈비뼈 그리고 가슴에서의 호흡의 움직임, 몸 전체가 활력에 가득 차 빛나는 것을 느낀다.

힘과 굴복(STRENGTH AND SURRENDER)

–격렬한 자세와 앞으로 구부리기–

이 연속동작은 도전에 접하는 두 가지 매우 다른 방식을 경험하게 하며, 몸 전체가 강해지고 늘어나 펴지게 해 준다; 긴장과 이완

시작: 산 자세

들숨: 격렬한 자세

날숨: 앞으로 구부리기

선택 단계: 각 주기가 끝날 때마다 산 자세로 돌아가 호흡을 한번 하고 쉰다.

격렬한 자세(fierce pose)

격렬한 자세는 하체와 중심을 강하게 하고, 마음의 평화와 어려운 상황에서 안정감을 찾도록 한다.

방법: 무릎을 굽히고, 엉덩이는 뒤로 해서 앉아 몸통을 앞으로 기울인다. 두 팔을 들고 척추를 가능한 한 곧게 편다. 호흡하는 것을 상기한다.

의식: 꽤 힘들 수 있는 이 자세를 유지하려고 노력할 때의 감각느낌을 알아차린다. 노력과 힘이 가해질 때의 몸느낌이 통증이 있고 피로할 때의 몸느낌과 어떻게 다른지 호기심있게 느껴본다. 당신은 극심한 불편함 없이 이 자세를 힘 있게 전념해서 유지할 수 있을까요?

앞으로 굽히기(forward fold)

앞으로 굽히는 자세는 팔과 어깨, 목과 등, 엉덩이 그리고 다리의 긴장을 풀어준다. 또 불필요한 육체나 정신적 스트레스를 해소시켜준다.

방법: 무릎을 조금 굽히고, 앞으로 숙인다. 등과 상체의 긴장을 풀고, 중력에 몸을 맡긴다. 당신이 편안한 상태라면 얼마나 많이 굽히는가는 상관없다.

의식: 등과 엉덩이 그리고 다리가 펴지는 느낌과 상체의 무게를 편안하게 느껴라. 몸이 스트레칭되는 느낌이 통증과는 어떻게 다른가? 발생되는 느낌을 알아차리면서 편안히 이완할 수 있는가? 아무것도 하지 않고 다만 내려놓는 것을 통해 이 자세를 유지할 수 있는가?

감사의 절(BOWING IN GRATITUDE)

–아래를 바라보는 개 자세와 아기 자세–

이 연속동작은 요가 자세 중에서 몸 전체를 스트레칭해주는 가장 좋은 두 가지 자세이다. 존경과 감사를 표현하기 위해 이 두 자세는 각각의 호흡과 각 순간을 서로 연결해 준다. 이 연속동작의 흐름은 자세들 간의 이행을 늦추는 새로운 호흡법을 쓴다. 자세를 옮길 때는 항상 들이 쉬고, 각 자세를 취할 때는 한 번의 날숨으로 한다.

들숨: 넙죽 엎드려 시작하라.

날숨: 다음 자세로 이동해라(아래를 바라보는 개 자세나 아기 자세)

아래를 바라보는 개 자세(downward-facing dog pose)

아래를 바라보는 개 자세는 상체의 근력을 길러 주면서 다리와 엉덩이, 가슴과 등의 긴장을 풀어 준다.

방법: 네 발로 기는 자세에서 무릎을 펴고, 엉덩이를 들어올린다. 손으로 바닥을 밀면서 어깨를 늘려주고 엉덩이를 위로 높이 들어올린다. 더 자극을 주기 위해 천천히 다리를 펴거나, 아니면 더 편안함을 유지하기 위해 무릎을 약간 굽힐 수 있다.

의식: 손이 지면에 닿는 느낌과 상체에 드는 힘을 느껴본다. 발이 지면에 닿는 느낌과 하체가 스트레칭되는 것을 느껴본다. 코와 입과 목구멍으로 들이쉬고 내쉬는 호흡의 흐름을 느낀다.

아기 자세(child's pose)

아기 자세는 엉덩이와 등, 어깨, 그리고 가슴의 긴장을 풀어주고 믿음과 현재 순간에 대한 감사를 온 몸으로 표현하는 자세이다.

방법: 무릎을 꿇고 엎드려 엉덩이를 뒤꿈치에 붙인다. 배를 넓적다리에 붙이고, 팔과 머리를 바닥에 대고 쉰다. 만약 엉덩이가 발뒤꿈치에 닿지 않거나 자세를 취할 때 무릎이 불편하다면, 베개나 담요를 엉덩이와 발뒤꿈치 사이에 넣는다.

의식: 배와 등에서 호흡의 움직임을 느끼고, 당신의 마음과 심장에서 감사함을 느껴본다.

〈아래를 바라보는 개의 자세와 아기자세를 결합한 의자 자세〉

코브라 서기(COBRA RISING)

–코브라 자세와 쉬는 코브라 자세–

이 연속동작은 몸의 뒷부분을 튼튼하게 해주고, 노력과 편안함 사이의 균형을 유지하는 방법을 배울 수 있게 해준다.

시작: 배를 대고 엎드린다.
들숨: 코브라 자세
날숨: 쉬는 코브라 자세

코브라 자세(cobra pose)

이 자세는 등과 다리를 강하게 해주고, 역경을 딛고 일어나게 해준다.

방법: 두 팔을 구부려 양 손을 가슴 옆에 놓는다. 숨을 들이쉬면서 머리를 들고, 턱과 가슴, 그리고 다리를 든다. 호흡을 편안하게 할 수 있는 한 최대한으로 자세를 취한다. 자세를 취할 때 최고수준에서 50~60%의 노력을 하고, 몸이 들리어 높이가 자연스럽게 되게 한다. 내쉬며 자세를 푼다.

의식: 몸 뒤쪽의 힘, 당신이 들이 쉴 때 가슴의 열림 그리고 호흡에 따르는 미묘한 상체의 오르내림을 느껴본다.

쉬는 코브라 자세(resting cobra)

이 자세는 휴식을 연습하게 해주고, 더 이상 애쓰고 싶지 않을 때도 좋다.

방법: 배를 바닥에 대고 쉰다. 팔과 머리가 편안하게 놓이게 한다.

들숨: 당신을 받치고 있는 바닥의 지지감과 호흡을 등과 배의 움직임으로 느낀다.

〈의자에서 행하는 코브라 서기와 쉬기 자세가 섞인 동작〉

끌어당기는 다리자세(THE DRAWBRIDGE)

–다리자세와 무릎 가슴대기자세–

끌어당기는 다리자세는 온몸을 늘려주고 강화시켜준다.

시작: 등을 바닥에 대고 누워 다리를 굽혀 발을 엉덩이 가까이 끌어당긴다. 이때, 무릎과 발의 간격은 엉덩이 너비만큼 벌린다.

들숨: 다리자세

날숨: 무릎 가슴대기자세

다리 자세(bridge pose)

다리자세는 다리와 엉덩이, 그리고 중심의 힘을 길러주고, 어깨와 가슴의 긴장을 풀어준다.

방법: 하나의 부드러운 움직임으로, 엉덩이와 허리를 위로 높이 들기 위해 발로 바닥을 밀면서 당신의 팔을 천정으로 들었다가 머리 위 바닥으로 내린다. 무릎이 옆으로 삐져나오거나 안쪽으로 죄지 않고 발 바로 위에 있도록 한다.

의식: 발이 땅에 닿는 접촉감, 다리의 힘과 배와 갈비뼈, 가슴의 움직임을 통해 호흡을 느낀다.

무릎 가슴대기자세(knees-to-chest pose)

이 자세는 엉덩이와 등의 긴장을 풀어준다.

방법: 무릎을 배와 가슴 가까이 가져와 끌어안는다. 바닥에 있는 머리와 어깨는 이완되도록 한다.

의식: 바닥이 지지하는 느낌과 다리에 배가 가까이 닿게 되는 느낌을 통해 호흡을 느낀다.

요람 자세(SWEET DREAMS)

–요람 자세, 꼬아 쉬기 자세, 반달 자세–

이 자세들은 세 가지의 기대는 자세로 이루어져 있다. 이것은 몸의 숙면을 돕고 마지막의 이완자세로 이르게 하는 완벽한 과정이다. 다음 자세로 넘어가기 전에 각각의 자세를 몸의 양쪽으로 번갈아가며 해볼 수 있고, 또는 몸의 한쪽으로만 이 세 가지 자세를 취하고 몸의 반대쪽으로 옮겨 다시 이 자세를 취할 수 있다. 이 연속동작은 천천히 물 흐르는 것처럼 취하는 것이 가장 좋고, 각 자세를 최소한 5~10회의 호흡동안 유지하고 다음 자세로 움직인다.

요람 자세(cradle pose)

요람자세는 엉덩이와 샅(groin), 등의 긴장을 풀어준다.

방법: 발목을 반대쪽다리의 무릎 위에 교차시킨다. 밑의 다리를 배로 끌어오는데 두 손을 넓적다리 뒤나 정강이에 건다. 바닥에 있는 머리와 어깨는 이완되도록 한다.

의식: 바깥쪽 엉덩이와 안쪽 허벅지가 스트레칭 되는 것, 바닥에 쉬고 있는 머리와 어깨의 무거움과 배의 오르내림을 통해 호흡을 느낀다.

꼬아 쉬기 자세(resting twist)

꼬아 쉬기 자세는 배와 가슴, 어깨, 척추 그리고 엉덩이의 긴장을 풀어주며 호흡을 자연스럽고 깊게 해준다.

방법: 양 무릎을 배위에 둔 채로 시작해서 두 다리를 모아 한쪽으로 떨어뜨린다. 팔을 양쪽으로 쫙 편다. 다리나 어깨 혹은 팔이 자연스럽게 바닥에 닿지 않을 때 억지로 하지 않는다. 이완하고 중력에 의해 자연스럽게 몸이 자세를 취할 수 있게 한다.
바닥에 닿지 않는 몸의 부분에 담요나 베개를 놓을 수 있다.

의식: 몸이 자세를 잡도록 해주는 중력과 당신을 지지해주는 바닥의 느낌, 그리고 들어 마시는 숨에 배와 가슴이 안에서 밖으로 팽창되는 느낌을 느낀다.

반달 자세(half moon pose)

반달자세는 몸 전체의 긴장을 풀어주고, 적게 움직이면서 더 많은 효과를 체험할 수 있게 해준다.

방법: 등을 대고 누운 채 시작한다. 두 발뒤꿈치를 바깥쪽 넓적다리나 엉덩이가 늘어나는 것이 느껴지도록 한쪽으로 움직인다. 한쪽 발목을 다른 발목 위에 교차하듯 놓는다. 팔꿈치를 바닥 쪽으로 누르면서 어깨를 위로 끌어당겨 발꿈치와 같은 쪽으로 늘려준다. 머리위에 팔을 놓고 부드럽게 당겨 스트레칭한다. 이 때 발과 엉덩이, 어깨 그리고 팔이 땅에 닿도록 한다.

의식: 다리와 엉덩이, 허리와 가슴 그리고 어깨가 스트레칭 되는 것을 느낀다. 당신의 발뒤꿈치와 엉덩이, 어깨, 머리 그리고 바닥의 손의 연결을 느껴본다. 배와 가슴이 움직이는 것을 통해 호흡을 느낀다.

이완 자세(relaxation pose)

동적인 실습은 항상 이완으로 끝낸다. 요가 움직임의 자세를 끝내는 전통적인 방법은 등을 대고 누워서 이완자세로 눈을 감고 5분에서 15분정도 쉬는 것이다. 만약 이것이 당신에게 편안한 자세가 아니라면 6장의 다른 이완자세와 대처방식을 본다.

내려놓기(the letting go) 체크리스트: 각 자세에서 불필요한 긴장을 체크할 곳

모든 역동적인 요가자세는 노력(힘을 키우기 위한 의도적인 긴장)과 이완(자세를 직접 지지해주는 긴장이 아니라면 어떤 긴장이든 내려놓는 것)의 균형을 이뤄야 한다. 자세를 유지하게 될 때 몸에 불필요한 긴장이 있는 지 살펴보라. 아래에는 요가 자세와 일상에서 습관적으로 가장 자주 발생하는 불필요한 긴장의 목록이 나와 있다. 각 자세에서 아래에 명시된 부분이 긴장되어 있는지 체크해라. 만약 그렇다면 당신은 자세를 취하는 동안 그 부분의 긴장을 풀 수 있는가?

- 턱 / 입
- 이마/ 눈
- 목
- 어깨/ 등 윗부분
- 등 아래 / 등 중간
- 배
- 엉덩이
- 손가락/손

만약 당신이 요가 수련할 때 이 바디스캔을 정기적으로 한다면, 일상생활에서도 불필요한 긴장이 줄어들었음을 느낄 수 있을 것이다.

하나로 합치기

일단 당신이 이 장의 자세들을 해봤다면, 당신은 이미 배운 것들을 하나로 합칠 준비가 되어 있다. 아래에는 당신이 이미 배운 호흡과 몸과 친해지기 위한 움직임들을 통합할 몇 가지 아이디어가 있다.

- 3장의 호흡을 자유롭게 하는 스트레칭은 어떤 동작의 연습이든 시작할 수 있는 완벽한 방법이다. 그 자세를 통해 몸을 준비하고 마음을 하나로 모아라.

- 4장의 몸의 소리에 경청하는 것은 당신이 동작 연습하는 것을 고무시킨다. 손으로 호흡 자각하기(3장)를 2분 정도 연습한 뒤 몸에 물어보라. "어떤 자세나 스트레칭이 오늘은 필요하지?" 당신 내면의 지혜가 구체적인 자세를 취하도록 이끌게 하라.

- 모든 자세와 동작에서 호흡 알아차리기를 연습해라. 그것은 각각의 움직임이 치유명상이 되도록 한다. 그리고 각각의 자세를 더 안전하고 편안하게 해준다.

- 움직임 수련의 혜택을 보장받고 싶다면 마지막으로 이완자세로 쉴 때(4장)의 호흡을 통해 몸의 소리를 경청하여라.

- 움직임의 연속동작 후 이완자세를 취할 때는 통증을 완화시키는 호흡법을 연습하기에 가장 좋은 때이다. 당신이 이완되어 있기에 호흡법을 배우기가 더 쉽다. 이완된 상태에서 규칙적으로 호흡법을 해보는 것은 당신에게 통증이 찾아올 때 버티게 해줄 자신감과 의지를 길러준다.

- 당신의 유연성이나 근력에 도전이 되는 자세를 찾았는가? 그 자세들은 당신이 건너뛰고 싶을지도 모르고, 급하게 해보거나 이를 꽉 물고 고통을 참아내려 할지도 모르겠다. 그 대신에 몸과 친해지려는 태도로 이 자세들을 당신의 몸에 온 선물로 생각해보아라. 이 자세를 취하도록 당신의 몸에 채찍질을 하는 대신, 당신의 몸이 그 자세를 받아들이도록 할 수 있겠는가? 만약 당신이 이들 자세에 대한 태도를 부드럽게 한다면, 당신은 그들 자세들을 대단히 좋아하게 될 것이고, 그 자세들이 당신의 몸에 가져온 긍정적인 변화에 아마도 깜짝 놀라게 될 것이다.

Chapter 6 이완하기

한 학생이 나에게 이렇게 물은 적이 있다. "당신이 '어깨의 긴장을 푸세요.'라고 말하는 것을 들을 때, 내 어깨의 긴장을 풀어야 한다는 것에 동의가 되었어요. 그러나 나는 도대체 어떻게 내 어깨의 긴장을 풀어야 하는지를 모르겠어요."

어쩌면 당신은 설명할 것이다. 이완은 직접 해보기 전까지는 세상에서 가장 쉬운 것처럼 느껴지지만, 갑자기 이완이라는 것은 불가능해지기도 한다. 당신은 이완하라는 명령을 몸에 보내지만, 몸과 마음은 여러 면에서 마음먹은 대로 따라주지 않는다. 이완을 거부하는 근육에 대한 질주하는 생각으로부터, 더없이 행복해야 할 것이 스트레스를 주는 일로 변한다. 그리고 당신에게 통증이 있을 때 아무것도 하지 않고 통증을 느끼고 통증에 대해 생각만 할 때 누워서 눈을 감는 것은 명백한 공포가 될 수 있다.

만약 이완에 대한 이런 묘사가 당신이 이 장을 건너뛰는 것이 좋을 거라고 생각하게 된다면, 잠깐 기다려라. 몸과 마음의 완전한 이완이라는 것은 가능하다. 그리고 그 기대만큼 더 없이 행복할 만한 것이다. 그것은 사실, 만성적인 스트레스와 통증에 이상적인 치료수단이 될 수 있다. 이 장은 당신에게 단계적으로 2가지 요가의 이완 기법, 자각적인 이완과 회복력을 갖는 요가로 이완하는 방법을 가르쳐줄 것이다.

이완이 어떻게 당신의 통증을 완화시킬 수 있는가

이완 트레이닝은 여러 가지 많은 다른 형태의 통증 중에서도 만성적인 두통(D'Souza et al. 2008)과 요통(van Tulder, Koes, and Malmivaara 2006), 류머티스성 결합조직염(Menzies and Kim 2008), 골 관절염(Morone and Greco 2007), 턱관절의 장애(Riley et al. 2007) 그리고 과민성 대장 증후군(Keefer and Blanchard 2002)를 가지고 있는 사람들로 하여금 스스로의 삶의 질을 높이고, 통증을 완화시킬 수 있다는 것이 증명되었다.

왜 그렇게 이완 트레이닝이 만성적인 통증에 효과적일까? 우선, 이완은 즉각적인 치유이다. 이완은 스트레스 반응을 멈추고, 몸의 에너지를 증가시키고, 치료하고, 면역기능을 높이고, 소화시키고 또 다른 자가 치료 과정들로 이끌어준다. 의사인 허버트 벤슨은 이런 치유방식을 "이완 반응"이라고 이름지었다(Benson 1975).

이완이 몸과 마음을 흠잡을 데 없는 상태로 만들기 위해서는 장기간에 걸쳐 행해져야 한다. 이완 반응은 몸에 고통을 주는 몸과 마음의 삼스카라(samskara)를 풀게 하고, 몸을 치유하는 습관의 기초를 제공해준다. 지속적인 이완 연습은 몸과 마음이 만성적인 비상상태가 아니라 어떻게 하면 안전함을 느끼면서 쉴 수 있는지 가르친다. 몸과 마음이 안전하게 느껴질 때, 몸과 마음을 깊은 내면의 즐거움과 평화로 이끌기가 쉬워진다.

통증 속에서 이완하기

당신은 통증을 느끼면서도 이완할 수 있는가? 그렇다. 그것은 단지 가능한 것이 아니라 당신이 자신의 통증이 더 심해진다고 느낄 때에 당신이 대처하는 첫 번째 전략이 되어야 한다. 당신이 고통을 느끼지 않을 때지만 이완하는 만큼 기분 좋은 경험은 아니더라도 통증이 있다면 바로 이완 연습을 해볼 시간이다. 당신이 자세를 취하고 있어도 당신의 통증을 더 심화시키는 것이 아니라면, 이완이 당신에게 무엇을 해줄 수 있는지 밝히는 기회를 주라. 이완은 신비스럽게도, 당신의 통증을 더 많이 콘트롤할 수 있게 할 뿐 아니라 통증을 다룰 수 있는 용기를 준다.

이완은 또한 전면적인 비상사태의 반응으로부터 육체적인 통증의 감각을 몸과 마음에서 분리하도록 훈련시켜준다. 이것이 바로 이완이 당신의 통증을 모두 다 사라지게 하지 못하더라도 도움이 되는 이유이다. 만약 당신이 육체적인 통증을 느끼는 중에서도 이완할 수 있다면, 모든 형태의 통증과 마음의 고통에 연관된 신경계의 얽힌 것들을 풀어낼 수 있다. 만성적인 통증으로 고생하는 대부분의 사람들은 통증이 자동적으로 스트레스 반응을 촉발시킨다는 것을 알고 있는데, 그 스트레스는 또 자동적으로 통증을 더 심하게 한다. 육체적 통증과 스트레스가 연결 되 얽혀있는 것들을 풀어낼 수 있다면, 당신은 이 쳇바퀴에서 벗어날 수 있다. 몸과 마음은 인생의 도전에 대해 더 미묘한 반응들을 배우게 된다. 만약 당신이 통증 중에도 이완하는 법을 배울 수 있다면, 당신은 스트레스와 통증이 어떤 어려운 상황에서도 더 이상 몸과 마음의 자동적인 반응이 되지 않는 것을 알아차리게 될 것이다.

메간(Megan)의 이야기: 안정감을 찾기

메간은 경제학과 철학에 다중전공을 한 여대생이다. 그녀는 과민성 대장 증후군 때문에 학업을 진행하는데 힘겨워했다. 그녀에게 자주, 그렇지만 예측하지 않게 복통과 설사를 동반하는 발작이 일어났다. 고통은 언제나 경련에서 시작했고, 아프게 될까봐 불안감이 들었고, 그리고 적어도 한 시간이나 그 이상의 심한 통증이 있었다. 그녀가 아플 때에는 수업을 놓쳤고 그 통증이 없어질 때까지 대부분 아무것도 하지 못했다.

메간은 과민성 대장 증후군이 스트레스와 관련있다는 것은 알고 있었다. 그녀는 시험주간에는 자주 아팠고, 때로는 아파서 기숙사에서 나오는 것조차 불가능해 시험을 못 치르기까지 했다. 메간은 복부에 최초로 쑤시는 듯한 통증이 시작될 때 극심한 공포감을 느끼면서 이것이 이어지는 통증을 더 고통스럽게 느끼게 한다는 것을 알았다. 어쩌면 전체 고통주기를 일으키는 요인일지도 모르고 말이다. 설상가상으로 메간은 그녀의 사생활이 보호받고 있지 못해 불안해하였다. 왜냐하면 그녀는 작은 기숙사 방에 룸메이트와 함께 살고 있었고, 층 전체의 사람이 사용하는 홀의 화장실을 쓰고 있었기 때문이다. 그녀가 혼자 있는 시간은 적었다. 그래서 그녀가 아플 때에, 그녀는 더 통제할 수 없었고, 그녀의 통증에 더 약해진 것을 느꼈다.

기숙사 사감의 제안으로 시작한 요가수업에서 그녀는 스트레스를 줄이는 방법을 찾았다. 그녀가 요가수업에서 가장 좋아했던 것은 이완이었다. 이완은 그녀가 일상에서 잠시 벗어날 만한 안전한 공간 같은 것을 제공했고, 이완 후에 그녀는 언제나 더 기분이 좋아진 것을 느꼈다.

메간은 기숙사 침대에서 이완을 시작했고, 특히 그녀가 아플 때 했다. 이 전략은 과민성 대장 증후군에 대한 진정한 해법으로 드러났다. 메간이 통증이 시작되는 신호가 와서 이완을 하자 그녀는 배의 불편함을 받아들일 수 있을 정도로 기분이 나아졌다. 그녀는 느껴지는 것에 대해 긴장일 뿐이지 무언가 심하게 나쁘다는 신호로 받아들이지 않게 상상했다. 그녀가 의도적인 이완으로 전체 몸을 이완한 뒤에, 그녀는 호흡이 그녀의 배의 긴장을 풀어준다고 상상했다. 메간은 "나는 안전하다"라는 문구를 이완자세를 취하면서 반복했다. 그것은 그녀의 마음을 편안하게 이완하고 통증에 대해 공포심을 갖지 않도록 막아주었다.

대부분 이 절차는 만연한 고통을 막아주었다. 통증이 짧아지고 덜 지장을 주게 되면서, 메간은 예측하지 못하는 소화계의 고통을 덜 느끼게 되었다. 그것은 과민성 대장 증후군이 얼마나 자신의 스트레스에 연관이 되는가를 그녀가 알게 된 순간이다. 최소한 스트레스가 과민성 대장 증후군에 기여를 해왔다는 사실 말이다.

만약 당신의 고통이 스트레스에 닿아 있다면, 아니면 공포스러운 고통 신호가 오는 경향이 있다면, 이완은 고통을 예방하고 완화하는 데에 훌륭한 도구가 된다. 메간처럼, 당신은 모든 불편한 지각이 주요한 통증이 되는 것을 피할 수 없는 것이 아니라는 것을 찾을 수 있을 것이다. 이완은 당신이 안전하다는 것을 마음과 몸이 알도록 하는 방법이 될 수 있다.

실 습

의식적인 이완

의식적으로 몸을 긴장하고 이완한다. 한 번에 한 부분 씩, 부분을 옮길 때마다 쉬어라.
- 눕거나, 만약 눕기가 불편하다면 다른 자세를 취하라.
- 몸의 스트레스와 긴장을 풀기 위해
- 스트레스나 통증이 발현되었을 때 의식을 다른 곳으로 옮기고, 안정과 통제력, 그리고 편안함을 느끼도록 해라.
- 잠자기 전에 침대에서 하는 것은 통증이나 스트레스에 관련된 불면증을 없애 준다.

온몸을 사용한 실습은 5분에서 10분정도 걸릴 것이다.

이완에 대한 약간의 실험을 해보자: 귀 가까이 두 어깨를 힘껏 높이 올려라. 어깨에 점점 더 강하게 힘을 주어라. 이제 털썩 내려놓는다. 다시 반복하는데 이번에는 호흡과 함께 해보라. 들숨과 함께 어깨를 최대한 높이 올린다. 날숨에 어깨를 다시 털썩 내려놓는다. 이제, 이를 한번 더하고, 이번에는 어깨를 반만큼만 올려라. 반만큼의 노력과 긴장을 들여서. 이것을 한번 더하고, 이번에는 어깨를 조금만 들어 올리면서, 더 노력을 적게 해라. 내쉬며 완전히 내려놓아라.

다음 단계에서는 눈을 감아야 한다. 당신은 앞의 절차를 다시 반복할 것이다. 다만 머릿속으로만 상상한다. 눈을 감은 채로, 들숨과 함께 귀 가까이 최대한 어깨를 들어 올리고, 날숨과 함께 내려놓는 것을 상상해라. 최대한의 노력을 해보고, 그 다음에는 반만큼의 노력을, 그리고 그 반의 반만큼의 노력하는 것을 상상해보라. 그리고는 어깨를 쉬게 하고 호흡에 주의를 두어라. 눈을 감은 채로 단순히 당신이 어떻게 느끼는지 알아차리도록 잠시 쉬어보라.

그래서, 어떻게 되었는가? 당신은 어깨에 의도적으로 힘을 줄 수 있었는가? 만약 그렇다면 당신은 이완을 배우는 중요한 첫 번째 단계에 들어왔다. 의도적인 긴장은 이완의 잘못된 방향으로 보일 수 있지만, 그것은 몸과 마음이 이완할 수 있도록 재 프로그램화 하는데 도움을 준다.

그 이유는 이러하다. 당신 몸에 있는 대부분의 긴장은 의도되지 않은 무의식적인 것이다. 그것은 만성적인 통증이 당신에게서 떠나지 않는 한 이유가 된다. 무의식적인 긴장의 습관은 지각의 레이더를 교묘히 피해 있다가 갑자기 그 긴장은 통증으로 변한다. 문제는, 당신이 자각하지 않고, 의도적으로 이완하지 않는다면 긴장을 내려놓을 수 없다는 것이다.

의식적인 이완에 대한 요가 수행은 당신이 의도적으로 하고 있는 것을 푸는 것이 무의식적으로 하고 있는 것보다 풀기 쉽다는 원칙을 따른다. 의도적인 이완에서 당신은 고의로 당신 몸의 여러 부분에 긴장을 줄 것이고, 그다음은 그 긴장하는 노력을 내려놓을 것이다. 이완 실험에서 당신의 어깨에 했던 그대로 해라. 커다란 움직임으로 시작해서 보다 집중된 부위의 긴장과 이완으로 나아갈 것이다. 당신의 상상력만을 사용한 이런 한 과정은 깊은 차원에서 몸과 마음을 다시 훈련시키도록 작용한다. 무의식적인 긴장에서조차 상상의 행위는 이 단계가 당신의 의지로 조종할 수 없는 긴장을 해소하는데도 도움이 되게 할 것이다.

시간이 지나면, 당신은 의식적인 이완을 정기적으로 실습하는 것이 완전한 이완반응의 치유상태로 내려놓는 것이 쉬워졌다는 것을 느낄 것이다. 당신은 또한 언제, 그리고 어디에 당신의 몸에 긴장이 있는지에 대한 더 큰 인식을 얻을 것이다. 이런 자각과 의식적인 이완의 기술로 당신은 긴장을 자유자재로 내려놓게 될 것이다.

시작하기

의식적인 이완은 당신이 편안함을 느끼는 앉거나 서거나 혹은 누운 자세를 포함해서 어떤 자세이든지 행해질 수 있다.

당신이 의식적으로 더 통제하기 쉽게 생각되는 부분부터 시작해라. 아마도 그것은 당신이 만성적으로 긴장을 하거나 통증을 느끼는 부분은 아닐 것이다. 이런 부분들에 이완이 쉬워지면 만성적인 긴장이 있거나 통증을 느끼는 부위로 옮겨가라. 만약 경련이나 부상의 병력이 있는 부분이라면, 첫 번째 단계(완전한 긴장)는 건너뛰고 더 부드러운 버전으로 해라. 적은 노력을 들이거나 상상을 하는 등 말이다.

몸의 의식적인 긴장과 이완을 순환하기

아래의 지침 중 몇몇 곳을 하거나 전체를 해보라.

- 손과 손목
- 팔
- 어깨와 목
- 얼굴
- 가슴
- 배
- 등
- 엉덩이
- 다리
- 발과 발목

긴장을 만들어내고 내려놓기

몸을 긴장하게 만드는 방법은 많다. 당신의 방법이 정확하게 맞는지에 대해 걱정할 필요는 없다. 첫 번째 라운드에는, 당신이 의도하는 몸의 부분을 움직여서 긴장을 만들어라. 쥐어짜고, 들고, 조이고, 수축하고, 당기고, 눌러라. 그 몸 부위에 어떤 느낌이든 만들어라.

긴장을 내려놓기 위해서는 다만 의도적인 긴장을 멈춰라. 결과는 말 그대로 이완이 될 것이다. 움직임을 여러 번 반복해서 각각 점진적으로 더 적은 노력으로 긴장하는 것을 해 봐라.

상상하는 라운드에서는 눈을 감고 당신이 방금 했던 움직임을 그려봐라. 긴장과 이완의 느낌을 상상해라. 당신은 긴장과 내려놓는 것을 계속해서 상상하는 것이 긴장을 이완시킨다는 것을 발견할 수 있을 것이다. 당신이 일부러 긴장을 만든 부분이 아닐지라도. 이것은 효과를 보고 있다는 자연스럽고 좋은 신호다. 만약 상상하기가 혼란스럽거나 어렵다면, 당신은 이것을 뺄 수 있다. 처음에는 크게 긴장시키고 이완하는 운동이 통제하기보다 쉬울 수 있어서 그것을 더 쉽다고 느낄 것이다. 이 경우에 상상 라운드를 다음 회기에 추가할 수 있다.

호흡

당신은 때로 숨을 들이쉬면서 긴장을 만드는 것이 쉽다는 것을 알아차릴 것이다(예를 들어, 어깨나 등) 또는 숨을 내쉬면서 긴장을 만드는 것이 쉽다는 것이다(예를 들면 배와 엉덩이). 가장 중요한 것은 이 과정에 호흡이 하나의 부분이 되는 것이다. 어떤 부위가 내쉬면서 더 긴장이 많이 되는지, 들이쉬면서 긴장이 더 많이 되는지를 호흡하며 시험해 보라. 당신이 숨을 멈추지 않는 한, 당신이 따르는 어떤 패턴이든 괜찮다. 각 라운드의 긴장하기와 몸 이완하기 사이에 이완된 호흡으로 쉬는 것을 잊지 마라.

쉬기

몸의 부위 중에서, 두 호흡 정도를 멈추고 어떻게 느끼는지 느껴보라. 의도적인 이완의 효과를 깊게 하기 위해서, 당신은 각각의 몸 부위에 일부러 긴장하고 이완하는 것을 행한 뒤에 숨 쉬는 몸(3장)을 눈에 보이듯이 상상할 수 있다. 각각의 부위에서 들이쉬고 내쉬는 것을 상상해라. 그리고 남아있는 어떠한 긴장이든 호흡과 함께 사라지는 것을 상상해라. 당신은 또한 빛과 색색의 이미지를 쉬는 동안 그려볼 수 있다. 당신이 의도적으로 긴장을 하고 푼 부분에 대해 눈을 감고 그 부분이 빛으로 부드럽게 빛나고 있다고 상상하거나 당신이 치유가 되고 안정되고 이완된다고 상상하는 색깔로 상상해라. 당신이 모든 절차를 마칠 때쯤이면 당신의 온몸에서 빛이 나거나 치유색으로 빛난다고 상상할 수 있다.

회복시키는 요가

회복시키는 요가는 부드러운 요가 자세를 의도적인 호흡, 명상과 결합하여 치유의 이완 반응이 일어나게 한다. 다음 장에서, 당신은 각각 행하거나 연속적으로 할 수 있는 5가지 회복시키는 요가 자세를 배우게 될 것이다.

회복시키는 요가의 이완효과가 큰 이유는 다음과 같다. 첫째로 각각의 자세는 몇 번의 호흡보다 더 길게 지속되기 때문이다. 당신은 회복하는 자세로 10분이나 또는 그보다 더 오래 유지할 수 있다. 이런 지속적인 유지는 몸을 긴장의 가장 깊은 면까지 접촉하게 할 수 있을 것이다.

둘째로, 회복시키는 요가 자세는 당신의 몸을 지지하기 위한 보조물을 활용한다. 그 보조물은 벽이 될 수도 있고, 의자, 소파, 베개, 담요, 수건, 또는 회복하는 요가 수행을 위해 디자인된 기다란 덧베개일 수도 있다. 자세에 대한 알맞은 지지는 그 자세를 유지하는데 애쓰지 않게 하여 당신이 몸을 완전히 이완하도록 할 수 있다.

당신은 또한 더욱 역동적인 요가 자세에서 있을 수 있는 강한 스트레칭이나 힘이 강하게 필요한 느낌을 받아서는 안 된다. 스트레칭과 힘주는 것은 건강에 좋긴 하지만, 둘 다 몸을 긴장시키는 것이다. 그것들은 몸이 자세를 취하는데 힘든 점들을 이겨내 적응하게 하며 몸에게 좋은 스트레스를 주는 것이긴 하다. 회복하는 요가는 스트레스와 긴장을 내려놓게 하는 것이다. 당신은 어떤 도구든 당신의 몸이 기분 좋게 느낄 수 있도록 사용하며 자세를 편안히 취할 수 있도록 맞출 수 있을 것이다. 각각의 자세를 취하면서, 몸과 호흡이 가볍거나 혹은 안정 되 보이는 편안함의 질을 느껴보아라.

마지막으로 이 자세들이 당신이 아무것도 하지 않는 것처럼 보일지라도, 그것은 사실과 다르다. 회복하는 요가는 몸을 쉬게 하지만 마음과 관련되어진다. 각각의 자세에서 호흡과 명상의 요소들은 회복하는 요가를 마음이 치유하는 생각과 감각느낌, 감정들에 집중되기 위한 적극적인 과정이 된다.

회복시키는 요가를 어떻게 하나 : 일반적인 지침

다음의 지침은 당신이 회복시키는 요가의 잠재적인 치유력을 밝히는데 도움을 줄 것이다.

요가자세는 편안하게

당신에게 편안하게 쉬는 느낌을 갖도록 자세를 취하고, 자신의 시간을 할애하라. 당신의 보조물을 선택하고 놓는 방법에 대한 지시에 특별한 관심을 두고 따라라.

어떤 자세도 새로운 불편감이나 통증이 더 심해지도록 하지 않아야 한다. 당신은 서있거나 누워서 일상적인 수준의 편안함을 영위할 수 있다. 만약 자세가 신체적으로 불편하다면, 보조물을 사용해서 스스로 편안하게 만들 수 있는지 찾아봐라. 만약 그것이 불가능하다면, 다른 회복력을 가진 자세를 시도해보라. 이 모든 자세를 취할 수 있다고 해서 마법같은 일이 벌어지는 것은 아니다. 만약 당신이 그 중 어떤 자세라도 편안하다는 것을 느낀다면, 당신은 회복하는 요가의 혜택을 받게 될 것이다.

일단 자세를 취한 상태에서 최대한 편안함이 느껴지는 지지를 받고 있다면, 당신은 그 자세에 전념하라. 그대로 유지하라. 약간의 변화나 움직임 또한 당신이 깊은 이완의 상태에 들어가는 것을 막을 수 있다. 눈을 감고 당신의 호흡에 집중해 봐라.

얼마나 오래 자세를 유지할 지 꼭 시간을 정해놓고 하기보다는, 각각의 자세를 2분 정도 취하는 편안한 지침부터 시작해보라. 당신은 스스로 자양분이 되고 도움이 되는 한 이 시간을 늘릴 수 있다. 또 만약 이자세가 새로운 불편이나 고통을 준다면 반드시 자세를 풀어야 한다. 만약 자세를 취하는 동안 잠에 빠져버리지 않을까 걱정한다면 타이머를 이용해 10분에서 15분 정도 후에 울리게 할 수 있다. 그 방법으로, 시간을 계속 살필 필요가 없을 뿐만 아니라 깨어 있어야 한다는 걱정을 벗을 수 있다.

호흡하는 것을 기억하라

회복하는 자세에서 이완된 호흡을 하라. 부드럽고 편한 호흡은 몸의 이완을 불러온다. 호흡에 집중하는 것은 마음이 이완되고 걱정이나 불안으로부터 벗어나게 해주는 훌륭한 방법이 된다. 당신이 각각의 자세에서 쉬면서, 숨이 들어올 때와 내쉴 때 어떤 느낌인지 느껴보라. 이것을 통해 스트레스를 주는 생각이나 통증에서 의식적으로 벗어나게 하라. 만약 당신이 회복하는 요가 자세를 통증을 완화시키기 위해 행한다면, 당신은 이완 호흡을 해보고 싶을 수 있다(3장).

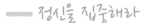

정신을 집중해라

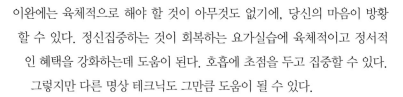

이완에는 육체적으로 해야 할 것이 아무것도 없기에, 당신의 마음이 방황할 수 있다. 정신집중하는 것이 회복하는 요가실습에 육체적이고 정서적인 혜택을 강화하는데 도움이 된다. 호흡에 초점을 두고 집중할 수 있다. 그렇지만 다른 명상 테크닉도 그만큼 도움이 될 수 있다.

각각의 자세에 대한 지침에서 당신은 하나 혹은 그 이상의 명상을 제안받을 것이다. 문구나 이미지를 당신의 마음에 두는 것은 자세를 지속하며 이완하는 것을 더 쉽게 해줄 수 있다. 명상을 통해 마음에 집중하는 것이 어떻게 느껴지는지 시험해보라. 만약 그것이 혼란을 주거나 감당하기 힘든 것처럼 느껴지면 그저 그 부분의 행함을 멈추고 호흡의 감각느낌에 머물도록 하라.

자세와 연속동작을 선택하기

여기에 주어진 자세들의 순서는 그냥 하나의 가능한 연속동작이다. 자세들을 취하다보면 몸이 다른 연속동작을 더 좋다고 하거나 여러 자세를 짧은 시간동안 취하기보다 한 가지 자세를 오래 하는 걸 원하는 것을 알 수 있을 것이다. 또한 회복하는 요가 자세를 역동적인 요가 수련과 통합해서 할 수도 있다(5장의 자세를 사용해서). 8장 실습의 예시를 통해 회복하는 요가를 어떻게 전체 요가 실습에 적용할 것인지 생각해 보라.

각각의 자세를 시도해보면서, 집처럼 편안하게 느껴지는 자세를 찾아보라. 어떤 자세가 가장 지지해주고, 편안하고, 안전하게 느껴지는가? 그것은 어려운 때 당신을 치유하는 요가 수련의 일부가 될 것이다. 즉 당신이 육체적으로나 감정적으로 압도되는 순간 이완하기 위해 취할 수 있는 자세이다.

역동적인 요가수련에서와 마찬가지로, 호흡이나 움직임에 방해되지 않는 편안한 옷을 입어라.

다양한 보조물을 서로 바꾸어가며 회복하는 요가에 사용할 수 있다. 보통, 대 여섯 개의 베개와 담요를 시작하기 전에 구비해 놓는 것이 좋다. 다른 가능한 보조물은 소파와 의자, 벽, 수건, 그리고 눈덮개, 요가 블록 또는 회복하는 요가 수행을 위해 디자인된 기다란 덧베개일 수도 있다. 어떤 것이든 당신이 쉽게 주변에서 구할 수 있는 것을 써라. 그리고 필요한 것이 있을 때 뭐든 있는 것으로 바꿔서 사용해라.

당신은 쉽게 다룰 수 있는 타이머를 시간을 재기 위해 사용하고 싶을 지도 모른다(그리고 만약 당신이 잠자고 있다면 깨울 수 있는). 이완음악도 회복하는 요가 실습의 훌륭한 부분이 된다.

누워서 (거꾸로) 지지받는 자세

이로운 점

이 자세는 등과 엉덩이를 필요이상으로 스트레칭 하지 않으면서 쉴 수 있게 해준다. 다리를 심장보다 높이 부드럽게 들어 올리는 자세는 혈액순환을 돕고, 신경계와 심혈관계를 포함해서 몸의 많은 구조에 진정하는 효과가 있다.

보조물

벽, 의자, 소파. 선택적인 것: 목과 머리를 지지할 둘둘 말린 작은 수건이나 담요, 눈을 덮을 천.

지시

벽이나 의자 옆의 바닥에 앉아라. 몸이 벽이나 의자를 마주 보게 하면서. 만약 당신이 머리와 목을 특별히 지지하고 싶다면, 벽이나 의자에서 한 팔 정도 거리에 머리를 두고 쉬어라. 팔을 몸에 올려 등을 기대고, 다리를 벽이나 의자의 지지대 위에 올려놓는 동안 등이 편안하게 느껴질 때까지 엉덩이는 움직여서 바닥에 놓아라. 다리를 위쪽으로 뻗어 벽이나 의자의 엉덩이 받침에 올려놓고 쉬게 하여라. 만약 벽에 기대고 있다면 무릎 뒤쪽, 다리 뒤쪽이나 엉덩이, 또는 등 아래쪽에 긴장이 오지 않도록 해라. 만약 긴장이 되면 다리와 등에 가하는 압력을 줄이기 위해 엉덩이를 벽에서 조금 더 멀리 두는 자세를 취해라. 만약 벽에 대는 자세에서 계속 긴장이 느껴진다면, 의자나 소파를 사용해 무릎을 구부린 자세로 있으면 훨씬 더 편안할 것이다. 지지받는 자세에서 이완하도록 해라.

자세를 취한 상태에서 두 손을 배 위에 편안하게 올려놓아라. 호흡에 따라 배가 올라가고 내려가는 것을 느껴보아라. 이 자세는 균형잡는 호흡시각화(3장)를 연습하기에 완벽한 자세다.

명상

이 자세는 당신이 일상적인 걱정거리와 짐을 내려놓도록 하기 위한 초대이다. 숨을 들이 쉬면서 조용하게 마음속으로 말해보라. "내려"그리고 내쉬며 "놓기".라고 말하라.

둥지자세

이로운 점

둥지자세는 안정감과 보살핌을 받는 느낌을 준다. 또한 당신이 편안하게 잠 잘 수 있는 자세이기도 하며, 불면증이나 수면에 곤란한 점이 있다면 행하기 매우 훌륭한 자세가 된다.

보조물

두 세 개의 베개. 선택: 요가 덧베개

지시

옆으로 누워 무릎을 구부려 배 쪽으로 끌어당긴다. 베게에 머리를 대고 쉬며, 베개나 덧베개를 무릎 사이에 끼워라. 팔을 어떤 자세든 편안하게 두고 쉬어라. 만약 구할 수 있다면 또 다른 덧베개나 베개를 당신의 등에 놓고 더 지지감을 받아라. 균형을 잡기위한 반대 자세로, 둥지자세는 다음 장에 있는 쉬는 비틀기 자세(10번의 호흡을 유지하는 동안)로 이어질 수 있다.

호흡의 자연스러운 리듬에서 쉬어라. 몸의 움직임으로 들숨과 날숨을 지켜보면서. 단순하지만 애쓰지 않는 이 자세에서 안정을 취해라.

둥지 자세는 당신의 몸과 삶의 모든 부분에서 안정과 지지을 받는 느낌을 갖는 것이다. 조용히 마음속으로 반복해라. "나는 안전해" 또는 "나는 지지받고 있어." 만약 당신이 지지받고 안정감을 느끼는 다른 말이나 이미지, 또는 기억이 있다면, 그것을 마음으로 가져오라.

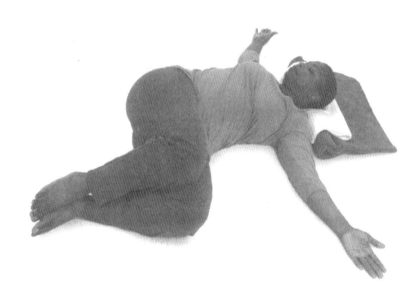

지지되는 나비 자세

이로운 점

이 자세는 배와 가슴 그리고 어깨의 긴장을 풀어준다. 이 자세는 또한 당신이 감사해하는 모든 것들에 대해 생각할 기회를 주면서 풍요로운 기분을 느끼게 해준다.

보조물

베개 두 개나 작은 담요, 덧베개나 매우 튼튼한 쿠션. 당신은 또한 덧베개의 한쪽을 지탱할 무언가를 필요로 할 것이다. 요가 블록이나 전화번호부 무더기 등 거의 모든 것들이 지지를 위해 사용될 수 있다. 추가적인 것: 눈 덮개나 작은 수건이나 천.

덧베개를 블록이나 다른 지지물 위에 놓아라. 덧베개의 앞에 다이아몬드 형태로 다리를 만들고 앉아라. 각각의 무릎 밑에 베개나 둘둘만 담요를 넣어라. 무릎이나 다리, 엉덩이에 깊은 스트레칭이나 긴장이 되지 않고 완전히 지지되도록 해라. 허리부터 머리 뒤통수까지 지지를 받도록 하고 덧베개 위로 몸을 뉘여라. 팔은 최대한 편한 자세로 쉬게 두어라.

이 자세는 배와 가슴의 긴장을 풀어주고 다른 한편으로 호흡을 제한할 수 있다. 몸 앞쪽 전체가 이완되면서 숨이 들어올 때 부드럽게 스트레칭 되면서 열리는 것을 느껴라. 이런 느낌에 뒤따라서 당신이 숨 쉴 때마다 몸 앞쪽의 편안함을 느껴봐라.

당신이 감사해하는 것을 구체적으로 마음속에 떠올려라. 당신이 확실히 감사하는 마음을 느낄 때까지 각각을 자세하게 상상해보라. 각각에 대해 "고맙습니다."라고 말하는 것을 상상하라.

지지되는 후굴자세

이로운 점

지지받는 후굴자세는 가슴을 열어 삶을 포용하고자 하는 갈망을 강화해주고, 고통을 포함하여 삶으로부터 당신을 분리시키는 도전을 하지 않게 한다. 이 자세는 또한 등과 어깨의 만성적인 긴장을 마법처럼 풀어준다. 책상이나 컴퓨터 혹은 운전에서 오는 장시간 고정된 자세의 긴장을 풀어주면서 말이다.

보조물

위쪽 몸을 지지할 하나나 더 많은 접은 베개나 둘둘만 담요나 수건. 아래쪽 몸을 지지할 덧베개나 베개나 담요더미. 당신의 머리와 목을 지지할 둘둘 만 수건이나 작은 담요.

지시

앉아서 덧베개나 베개더미나 담요를 약간 굽힌 무릎 밑으로 넣어라. 접은 베개나 둘둘만 담요나 수건을 당신 뒤에 하나 놓아라. 뒤로 누울 때, 등 아래쪽이 아니라 위쪽 흉곽을 지지해 줄 것이다. 만약 당신이 아래쪽 흉곽과 등 아래 추가적인 지지를 필요로 한다면 작은 수건 하나를 말아 척추의 자연스런 곡선을 지지하도록 놓아라.

둘둘 만 수건이나 작은 담요를 머리와 목을 지지하게 가장 편안한 높이에 놓아라.

호흡

이 자세는 윗가슴과 흉곽, 그리고 배의 호흡 흐름을 증진시켜준다. 숨이 들고 날 때 이런 움직임을 느껴보아라. 당신의 심장 중심부에서 숨이 들고 나는 것을 상상해라. 숨을 쉴 때 심장에서 폐까지 호흡의 움직임을, 내쉴 때 폐에서 다시 심장으로 가는 것을 그려보아라.

명상

당신의 가슴 한 가운데에서 환하게 빛나고 자양분이 많은 태양을 상상하여라. 숨 쉴 때 가슴의 미묘한 확장과 수축을 느껴라. 그리고 호흡과 일치하여 태양이 환하게 빛나는 것을 상상해보라. 마음속으로 조용히 말해보라 "내 가슴은 열려있다."

지지되는 앞으로 굽히기

이로운 점

지지되는 앞으로 굽히기는 척추에 오는 일상생활의 스트레스를 풀어주면서 엉덩이와 등을 이완시켜준다. 덧베개를 안고 머리를 그것에 지지되게 놓고 쉬는 것은 자연스러운 안전감과 편안함을 제공한다.

보조물

기댈 수 있는 의자, 소파, 또는 베개나 담요의 무더기. 추가적인 것: 안고 머리를 쉴 요가 덧베개

지시

바닥에 다리를 교차해서 앉아라. 앞으로 기울여 소파나 의자 또는 베개나 담요더미, 혹은 쿠션에 기대라. 덧베개를 가지고 있다면 그것의 한 쪽 끝은 무릎에, 다른 쪽 끝은 쇼파, 의자, 지지대에 놓아라. 지지하는 것이 무엇이든 머리를 쉽게 내려놓는다. 만약 덧베개를 사용하고 있다면 어떤 방식으로든 편안한 자세로 머리를 옆으로 돌려 안아라.

당신이 사용하는 지지대가 어떤 것이든 등이나 엉덩이에 긴장이 되지 않도록 충분히 높고 당신을 지지하기에 튼튼한 것으로 하여라. 만약 참기 불편한 강한 당김을 느끼고 있다면, 당신은 지지가 더 필요하다.

이 자세에서 배와 가슴, 그리고 등은 각각의 숨에 따라 확장되고 수축된다. 숨이 들어오고 나갈 때 몸통 전체의 움직임을 느껴라. 들숨에 덧베개나 베개의 지지대에 배와 가슴이 부드럽게 눌리는 것을 느껴라. 호흡에 대한 감각느낌으로 안고 있는 느낌을 더 깊게 가져보라.

명상

당신이 완전한 평화를 느낄 수 있는 장소를 상상해 보아라. 많은 사람들에게 이것은 자연의 일부일수 있고, 종교의 예배장소일 수도 있고, 또는 사랑하는 이들에게 둘러싸인 곳일 수도 있다. 당신이 이런 환경에 있다는 것을 상상해라. 마음속으로 어떤 감각이든 가져오라. 당신의 평화로운 장소에 연결해주는 눈에 보이는 것, 소리, 냄새, 촉감 등.

만약 당신이 이 자세를 고통이나 통증으로부터 벗어나기 위해 연습하고 있다면, 당신의 마음속으로 개인적으로 편안함을 느끼는 "이것은 지나갈 거야" 또는 "신은 나를 사랑해" 와 같은 말을 속삭여라.

리사 이야기: 희망을 찾기

리사의 피로는 이해할 수 없을 뿐 아니라 정말 미치게 만드는 것이었다. 겨울휴가에 그것이 처음으로 나타났을 때 그녀는 그것이 다만 몸을 지나치게 혹사해서 기진맥진해진 것과 함께 유행성 감기가 나타난 줄 알았다. 하지만 겨울 휴가가 끝난 뒤에도 그녀의 피로는 가시지 않았고, 가족들은 걱정이 되어 그녀가 의사에게 진료를 받도록 했다. 그녀가 진료받은 일반 내과의사는 정확한 진단을 내려줄 수가 없어서 그녀를 전문가에게 소개시켰다. 전문가는 그녀에게 여러 가지 테스트를 해보았지만 무엇이 그녀를 기진맥진하게 하는지 확실히 설명을 못했다. 결국 리사는 만성 피로 증후군으로 진단을 받았다. 이때에 그녀는 연장해서 병가를 내었고 그녀가 다시 일터에 언제 복귀할 수 있을지를 걱정하게 되었다.

리사의 내과의사는 염증약과 항우울제의 2가지 처방을 내렸다. 왜 그녀가 그렇게 피곤한지에 대한 설명이나 그녀가 언제쯤, 아니면 과연 회복을 할 수 있을지 여부에 대해서는 들을 수가 없었다.

의학적인 설명이 주어지지 않는다는 것은 리사에게는 희망이 없다는 것을 의미했다. 그녀가 더욱 절망할수록 더 큰 피로감을 느끼게 되었다. 어떤 날은 너무 피곤해서 깬 지 채 한 시간도 되지 않아 다시 침대로 기어들어갔다. 가장 심각한 것은 그녀가 거의 항상 지쳐있음에도 불구하고, 잠자는데 문제가 있었다. 이것은 그녀가 혼자 걱정과 두려움에 떠는 시간을 만들었다. 그녀는 이것을 "깨어있는 악몽"이라고 묘사했다.

회복을 위한 확실한 방법은 없지만 리사는 스스로를 챙기고 있다는 것을 느낄 몇몇 방법을 필요로 했다. 무언가를 매일 해서 그녀의 활력과 기분을 나아지게 할 적극적인 방법을 원했다. 리사는 운동할 힘이 없었지만 회복하는 요가를 하면서 크게 위안을 얻었다. 그것은 그녀가 신체적으로나 감정적으로 기분이 나아지는 것을 알면서 매일 할 수 있는 것이었다.

리사는 요가 매트와 보조물을 항상 꺼내 두어서 그녀가 요가수련을 할 때 장애가 되지 않도록 했다. 그녀는 좋아하는 음악들이 정신을 고양시켜 줄 것을 알고 요가수련 할 때 들을 영감을 주는 음악을 심사숙고해 골랐다. 그녀는 몸의 상태를 바꿔 줄 감사, 기쁨, 연결감, 그리고 용기에 집중하는 생각들을 진지하게 했다. 그녀는 날마다 마지막 회복하는 자세에서 할 명상 하나를 선택해서 힘과 건강을 회복시켜주는 각 명상에 대한 감각느낌과 생각을 이미지화한다.

리사는 그녀의 회복하는 요가수련을 세 번째 처방이라고 생각했다. 그것은 그녀의 미래에 대해 지속적으로 낙관적으로 느끼게 하는 자기돌봄 프로그램의 일부가 되었다.

많은 형태의 고통과 질병들이 당신을 정상적인 삶으로부터 환자의 위치로 떨어뜨릴 때는 특히 육체적이고 감정적으로 압도적이다. 고통이나 질병이 이렇게 압도적일 때, 몇 분 동안 건강에 대

스트레스와 만성통증을 완화시키는 알아차림 요가

해 집중해 보는 것조차도 희망을 회복시키고 치료여정에서 용기를 북돋아준다. 언제든 당신이 정신적으로 최악에 있다고 느낄 때, 고통이나 질병에도 불구하고 당신은 언제나 요가를 통해 당신의 건강하고 전체적인 부분을 확인할 수 있다.

하나로 합치기

이완은 홀로서기에 훌륭한 수련이다. 하지만 그것은 다른 요가수련의 치유의 효과를 높이는데 사용할 수도 있다.

- 좋아하는 회복요가 자세를 호흡이나 몸과 친해지는 수련(3장과 4장을 보라)의 기초로 사용해라.

- 이완은 보통 역동적인 요가 회기의 마지막에 수련한다. 그러나 역동적인 자세에서 덜 편안하게 만드는 무의식적인 긴장을 풀기 위해 몸 전체의 의식적인 이완을 회기 시작할 때 할 수 있다.

- 당신이 에너지가 딸리거나 혹은 단순히 몸을 위한 부드러운 수련을 원할 때 회복하는 요가 자세와 호흡을 자유롭게 하는 시리즈(3장)를 결합한다.

Chapter 7 명상

4장에서 당신은 어떻게 몸과 친해질 수 있는지를 배웠다. 그리고 5장에서는 당신의 몸을 어떻게 움직일 수 있는가를 배웠다. 명상은 마음과 친해지고 마음을 움직이는 요가의 방법이다.

당신이 이 장에서 배우게 될 명상은 어떻게 자신의 마음을 안전한 공간으로 만드는 지를 보여줄 것이다. 당신은 또한 어떻게 마음이 스트레스와 통증, 괴로움으로부터 벗어나 지혜와 기쁨을 얻게 하는지를 배울 것이다.

명상이 어떻게 만성적인 통증을 완화시켜주는가

요가수행자들은 명상을 고통과 스트레스를 변화시키는데 오랫동안 이용해 왔다. 하지만 최근에 와서야 명상이 어떻게 영향을 주는지에 대해 연구가 되고 있다.

▬▬▬ 몸과 마음을 변화시키기

스트레스와 고통은 당신의 관심을 무엇이 잘못되었는가에 쏠리게 한다. 이런 감각느낌, 생각, 그리고 감정들에 계속 관심을 쏟는다면, 당신은 계속 고통 받는 상태에 있게 된다. 명상은 당신의 주의를 돌림으로써 스트레스나 고통의 반응을 멈출 수 있다. 연구 결과 호흡이나 만트라, 시각화 기법에 집중하는 것이 스트레스 받는 심신 상태를 이완상태로 빠르게 움직이도록 한다고 밝혔다 (Bernardi et al. 2001; Wu and Lo 2008). 그리고 또한 고통을 받아들이는 능력도 증가시킨다고 한다(Grant and Rainville 2009).

한 특이한 연구에서, 일본의 연구자들은 명상 중에 모든 고통을 막을 수 있다고 주장하는 마스터 요기를 시험해 본적이 있었다(Kakigi et al.2005). 연구자들은 명상하기 전과 명상 도중 요기에게 고통 반응을 일으키기 위해 레이저를 사용했는데, 뇌영상기는 요기가 명상을 하고 있지 않을 때 일반적인 고통 반응을 나타냈다. 그러나 명상하는 중에는 통증의 감각느낌과 생각, 감정 그리고 스트레스 반응을 나타내는 부분 등 뇌의 고통과 관련된 부분의 움직임이 현저하게 줄었다. 우리들 대부분이 비록 마스터 요기가 결코 되지는 않겠지만 이 연구는 명상이 고통의 경험을 변화시켜줄 충분한 가능성을 보여준다.

명상은 다만 마음의 부정적인 상태를 멈추는 것만은 아니다. 그것은 또한 긍정적인 마음의 상태로 이끌어 준다. 모든 명상 테크닉이 치유력을 가져다주지만, 명상의 집중은 어떤 구체적인 변화가 발생할지를 결정한다. 예를 들면, 여러 연구들이 보여주기를 즐거움에 대한 명상은 긍정적인 감정을 만들어내는 뇌의 영역을 활성화시킨다. 몸에 대한 명상은 감각과 운동에 연관된 뇌의 영역을 활성화시킨다. 그리고 영상을 사용한 명상은 무엇이든 상상하는 것과 관련된 뇌의 영역을 활성화 시킨다(Cahn and Polich 2006). 이 연구들은 다양한 명상 테크닉을 시도해 보려고 할 때 당신이 무엇을 경험하게 되는지 확인해 준다. 당신이 집중할 것을 선택함에 따라, 당신은 현실적이고 치유적인 구체적인 마음의 상태를 만들 수 있다.

명상은 일시적으로 부정적인 상태를 없애는 것뿐만 아니라 그것을 긍정적인 상태로 바꾼다. 많은 연구결과들은 규칙적인 명상수련이 고통과 기분, 스트레스, 그리고 육체적인 건강에 장기적으로 긍정적인 변화를 불러 올 수 있다(Bormann et al. 2005; Fredrikson et al. 2008; Lane, Seskevich, and Pieper 2007; Teixira 2008)고 보여주었다.

명상이 지속적인 변화를 일으키는 가장 중요한 방법 중 하나는 당신이 통증과 스트레스, 고통을 불러오는 습관을 알아차릴 수 있게 해준다는 것이다. 누구나 만성적이고 무의식적인 생각과 감정을 가지고 있다. 만성적인 걱정, 자책, 분노 또는 외로움과 같은 어떤 패턴은 만성적인 고통을 심화시키고 강화한다. 수용, 감사 또는 유머같은 다른 패턴은 고통을 줄이거나 막아준다.

당신의 습관은 미래에 닥칠 일에 대한 걱정을 하는 것이나 당신이 좋아하는 경험에 대해 추억에 잠겨 있는 것일 수 있다. 어쩌면 당신은 스스로를 비판하고 비난하는 습관을 갖거나 혹은 자신과 다른 이로부터 좋은 점을 찾아보는 습관을 가질 수도 있다. 해롭거나 이롭든 간에 이 마음의 습관들은 당신이 패턴을 반복 할 때마다 강해진다. 각 라운드의 "행함"을 통해 몸과 마음은 당신이 미래의 경험에 반응하는 방향으로 감정과 생각을 지속적으로 형성해 갈 것이다.

다른 사람들의 습관을 보고 그것이 그 사람들이 삶을 보는 방식이라는 것을 아는 것은 종종 쉽다. 하지만 우리의 생각과 감정이 습관을 반영한 것이고, 그것이 결코 실제가 아닐 때, 우리 자신을 제대로 보는 것은 매우 어렵다. 그것들이 우리 자신의 습관일 때, 그것들은 삶에 대한 단지 이유 있는 반응처럼 느껴지는 경향이 있다. 이것이 그것을 그렇게 강력하게 만들게 하는 것이다.

명상은 당신이 한 생각을 다른 생각보다 우선해서 선택할 수 있는 자유를 갖게 한다. 그것은 당신 내면의 지혜와 즐거움을 불러일으켜 당신 마음의 무의식적인 습관보다는, 당신의 삶의 경험에 담아낸다. 명상을 통해, 당신은 마음의 무의식적인 습관을 인식하여 의식적으로 새로운 습관을 선택할 수 있을 것이다. 이 장에서 명상기법을 실습하게 되면 당신은 자신이 스스로 마음의 안내자가 되어 줄 수 있다는 것을 발견할 것이다. 마음의 습관들이 당신을 어떤 걱정이나 또 다른 불평으로 가득 차게 하는 것 보다, 당신은 마음을 구체적인 감각과 생각 그리고 감정으로 이끌 수 있을 것이다. 당신이 그렇게 함으로써, 당신은 만성적인 고통을 강화하는 낡은 습관을 치유를 돕는 새로운 습관들로 바꿀 수 있을 것이다.

배워야 할 실습

이 장에서는 다음의 4가지 명상에 대해 배울 것이다. 사마타(Shamatha, "마음과 친해지기"), 만트라(mantra, "마음을 지키기"), "찟따 바하바나(citta bhavana, "마음을 움직이기") 그리고 쁘라띠빠크샤 바하바나(pratipksha bhavana, "마음을 반대 방향으로 움직이기"). 이 기법들은 두 가지 공통점을 갖고 있다. 첫째는 요가 철학에 뿌리를 둔 치유의 지혜이다. 둘째는 만성적인 육체나 감정의 고통을 느끼는 이들을 돕는 연구나 치료 프로그램에 의해 증명되어졌다.

사마타(Shamatha)명상은 호흡에 집중해서 마음을 고요하게 쉬도록 하는 행법이고, 마음을 괴롭히는 생각으로부터 멀리 하도록 부드럽게 이끌어 준다. 당신은 이 명상의 기초를 3장의 '호흡 알아차리기'에서 이미 배웠다. '호흡 알아차리기'를 명상법으로 실습하기 위해서는 마음이 어떻게 떠도는지에 대한 자각을 더하면 된다. 마음이 산란해질 때마다 당신은 호의와 연민의 태도로 호흡에 주의를 되돌려 가져온다.

만트라는 마음속으로 조용히 반복하거나 바깥으로 크게 말하는 소리, 말 또는 어구이다. 만트라는 "마음(man)의 보호(tra)"라는 뜻으로 번역될 수 있다. 만트라는 당신이 고통스러울 때, 그리고 미래의 고통을 막기 위해 마음의 회복력을 구축하려고 할 때 당신에게 구원으로 다가올 수 있다.

찟따 브하바나(citta bhavana)는 "마음(Citta)의 상태를 의식적으로 창조하거나 선택하기(bhavana)"로 번역될 수 있다. 이것들은 당신이 기쁨이나 감사함과 같은 치유하는 마음의 상태를 경험할 수 있도록 돕는다. 이것들을 행할 때 어떻게 당신의 주의를 생각을 치유하는 것에 집중하는지를 배울 것이고 의지에 따라 감각과 감정의 치유를 재창조할 것이다.

마지막 명상기법, 쁘라띠빠끄샤 브하바나(pratipksha bhavana)는 찟따 바하바나(citta bhavana)의 발전된 버전이다. 쁘라띠빠끄샤 브하바나는 말 그대로 "마음을 반대의 방향으로 움직이기"를 의미한다. 그것은 당신이 부정적인 생각과 감정에 파묻혀 있을 때 마음의 상태를 긍정적인 것으로 바꾸는 대치명상이다.

명상의 신화

많은 학생들이 내게 말하기를, "저는 명상할 수가 없어요. 시도해봤지만 내 모든 생각들을 제거할 수 없었어요." 그들은 마음을 비우려고 시도했다가 단지 지속적인 생각과 감정의 소용돌이만을 자각했다. 이것은 실패로 느껴졌다. 그래서 그들은 명상이 그들을 위한 것이 아니라고, 더 심하면, 명상은 도움이 안 된다고 확신하면서 포기한다.

만약 당신이 비슷한 경험을 가졌다면, 걱정하지 마라. 그리고 아직은 명상을 포기하지 마라. 명상은 생각을 가지지 않는 것이 아니다. 그리고 그것은 마음을 "텅 비우는 것"이 아니다. 명상은 마음을 조절하는 것이 아니라 자각과 선택에 관한 것이다. 당신은 자신의 마음을 돌보는 이가 될 것이다. 당신은 처음에는 어렵다고 느낄 지라도 이 장에 서술되어 있는 명상을 실패할 수는 없다. 명상의 효과를 최대한 얻기 위해, 당신이 해야 할 것은 진심어린 의도를 가지고 마음을 움직여 치유의 상태로 향하게 하는 것이다.

시작하기

당신이 어떤 명상 기법으로 시작하려는지 결정하기 전에 이 장을 모두 읽어 보기 바란다. 아마도 다른 기법보다 끌리는 한 가지 기법을 찾게 될 것이고, 당신은 자신의 직관을 믿어보라. 모든 명상 기법을 시도하기보다는 당신이 매일 조금씩 적어도 한 주 동안 계속하고 싶은 한 가지 기법을 정해라. 그것이 당신이 스스로의 마음에 대해서 알게 되고 명상 기법의 이로운 점을 알게 될 가장 좋은 방법이다. 시간이 지나면, 이장의 모든 기법을 경험해 보게 될 것이다. 하지만 만약 당신이 마음에 평화를 주는 한 자세를 찾는다면, 다른 것들을 더할 필요가 없다.

명상을 공식적인 수련으로 할 수 있다. 아침에 일어나서 맨 먼저 하거나 잠자리에 들기 전에 마지막으로 하는 것처럼 말이다. 또한 기억날 때마다 직장이나 집에서 2분정도 명상하기 위해 멈추는 등의 방법으로 행해도 된다. 명상을 하기 위한 가장 좋은 방법은 어떤 방식이든 당신이 직접 명상을 해보는 것이다. 명상이 긴 시간 앉아있는 것이나 매일 특정한 양을 해야 한다는 관념은 버려라. 명상할 수 있는 기회를 잘 찾아 명상에 전념하는 사람이 되어라.

실습

사마타 (shamatha, 마음과 친구 되기)

당신의 호흡에 집중해라. 각각의 들숨과 날숨을 알아차려라. 주의가 다른 생각으로 흩뜨려 질 때마다, 다시 주의를 부드럽게 호흡으로 가져오라.

실습: · 만약 가능하다면 앉아서, 아니면 어떤 자세이든 편안한 자세로

· 당신의 마음과 친구가 되고, 당신의 마음이 어떻게 작용하는지에 대한 보다 큰 자각을 발전시키기 위한 시간이라면 언제든지

· 적게는 1분에서 원하는 만큼 길게

마음과 친구 되기(알아차림 명상으로도 불리는)는 가장 널리 행해지는 명상 테크닉이다. 그것은 또한 명상을 시작하기에 가장 쉬운 형태이기도 하다. 지시는 간단하다. 편안한 자세로 앉아서, 등을 곧게 펴고, 눈을 감거나 빈 벽을 마주해서, 호흡에 주의를 집중한다. 들숨과 날숨을 알아차린다. 주의가 호흡으로부터 흩뜨려질 때마다, 당신이 생각을 하고 있는 것을 알아차리고, 다시 주의를 호흡으로 가져온다.

이 명상은 당신의 호흡에 대해 완벽한 집중을 하는데 중점을 두는 것이 아니다. 당신의 마음은 떠돌 것이다. 그것은 어쩔 수 없다. 마음은 당신이 이 명상을 꽤 경험해 본 뒤에 조차도 떠돌 것이다. 일정을 계획하거나, 무엇인가 어제 일어난 일을 회상하거나, 누군가와 상상의 대화를 하거나, 또는 당신이 얼마나 명상을 잘하고 있는지 평가하는 것을 당신 스스로 발견할 수 있을 것이다(힌트: 이것은 고통으로 이끄는 마음의 습관 중의 하나이지 명상에서 안내하는 바가 아니다).

당신의 일은 그런 것이 일어날 때 알아차리는 것이다. 마음의 평화를 얻는 잠재력은 어떻게 마음이 떠도는가를 알아차리는데 있지 완전한 집중이라는 불가능한 경지에 닿는 것이 아니다. 마음과 친해지기는 삼스카라(Samskaras)을 알아차리게 되는 연습이다. 앉은 채로 호흡에 집중함으로써, 외부에서 마음에 파장을 주는 것들을 다스린다. 비어있는 화면에 자꾸 나타나는 당신이 만든 생각은 마음의 습관이다. 마음이 바깥에서 붙잡을 아무것도 없을 때, 그것은 자동적인 생각과 당신을 기쁘게 해주는 이야기, 기억, 환상 그리고 그 순간에 일어나지 않는 걱정들의 "재생"버튼을 누른다.

당신의 마음이 떠도는 것을 알아차릴 때마다, 당신은 당신의 생각들이 가장 중요한 것이 아니고 현실에 대한 궁극적인 단어가 아니라는 것을 인식할 기회를 갖게 된다. 그것은 당신의 생각이 당신에게 불필요한 스트레스와 고통을 일으킬 때 특히 좋은 소식이다. 당신은 단지 그것들이 마음

에 찾아온 것이기 때문에 이를 따를 필요가 없다. 당신은 스스로를 각각의 기억과 환상 또는 걱정에 감정적으로 쏠리도록 내버려 두지 않을 것을 선택할 수 있다. 당신은 호흡에 다시 집중하도록 선택할 수 있다.

당신이 자신의 주의를 다시 호흡으로 가져올 때마다, 그것은 당신이 명상을 하기에 실패한 것이 아니라 오히려 그것이 마음에 대해 자비스러움을 갖는 것이라는 것을 아는 것이다. 당신이 호흡을 통해 마음을 쉬게 할 때, 당신은 자신의 삼스카라(samskaras)를 의식적으로 내려놓는 것으로부터 오는 마음의 평화를 경험할 수 있을 것이다. 이 명상은 당신에게 어떻게 스스로의 마음 안에서 그곳이 안전한 장소라는 것을 알면서 쉬는 법을 가르쳐 줄 것이다. 당신은 마음이 스스로 고통을 만들어낼 때 그것을 인식할 수 있는 내면의 지혜를 가지고 있고, 다시 호흡에 주의를 돌려 자신을 돌보는 자애심을 가지고 있다.

어떻게 실습할 것인가

당신이 이 명상을 실시할 준비가 되어 있을 때, 당신은 1분처럼 짧은 시간동안도 할 수 있다. 편안한 자세를 취하고, 눈을 감는다. 호흡을 바라보아라. 들숨과 날숨일 때 어떤 느낌인지 느껴보라. 만약 도움이 된다면 당신은 마음속으로 "들숨, 날숨"이라고 이름을 붙일 수 있다. 그 다음에, 당신이 생각하고 있는 것을 알아차리자마자, 스스로 축하해라. 당신은 마음과 친해지는 첫 번째 단계에 들어섰다. 그리고는 다시 당신의 의식을 호흡으로 가져오라. 이런 방법으로 계속해라. 기쁨을 느끼면서, 마음이 떠돌 때 마다 알아차리고 용기를 잃지 마라. 부드럽게 생각을 내려놓아라. 마치 붙잡고 있는 호흡을 풀어주거나 꽉 쥐여진 근육을 이완하는 것처럼. 당신의 의식을 호흡으로 다시 가져갈 때 마다, 스스로에게 자애심을 느껴라. 만약 어떤 생각을 특별히 내려놓기 어렵다면, 이것 또한 알아차리고 가볍게 스스로에게 기원하라. "내가 이것으로부터 자유로워지기를."

당신은 이 실습을 하고 싶은 만큼 지속할 수 있다. 만약 잠에 빠지는 것이 걱정된다면 타이머를 이용해라.

다이앤의 이야기: 생각에 다칠 때

다이앤은 그녀의 인생에서 극장을 그 무엇보다도 사랑했다. 막 대학을 졸업했을 무렵인 24살 때, 그녀는 의상디자이너와 연극 강사로 아르바이트를 했고, 또 지역의 극장 회사에서 매니저로 아르바이트를 했다. 그녀의 삶은, 바쁘긴 해도, 꿈이 현실로 실현된 것이었다.

이 꿈은 다이앤이 교통사고를 당해 다중 골절과 다른 상해를 입음으로써 일시적으로 방해를 받았다. 모두들 그녀가 2달 정도면 나아질 것이라고 생각했다. 하지만 골절이 치료된 후로도, 다이앤은 여전히 일상에서 통증과 관절 경직을 겪었다. 그녀는 고통을 완화해주는 약을 끊는 것이 불가능할 거라고 생각했고 그녀의 의사가 무엇인가를 놓치지 않았을까 걱정했다.

의사들에게 그녀가 다시 일을 시작하는 것이 가능하다는 말을 들었음에도 불구하고, 그녀의 삶을 다시 궤도 위에 올리기는 힘들었다. 사고 전에는 하나의 일로부터 다음 일로 넘어가는 것과 프로젝트를 끝내기 위해 야근을 하는 것이 쉬우면서도 기쁨이었다. 하지만 지금 그녀는 복귀를 늦추고 주저했다. 그녀는 스스로를 "망가진"몸의 종이라고 생각했다. 그녀는 자주 "이 고통은 모든 걸 망쳐버렸어." 라고 생각하는 것을 알아차렸다. 다이앤은 거의 모든 순간에 화가 나 있었는데, 예전에는 그녀를 괴롭히지 않았던 것들을 가지고 친구들과 직장 동료들에게 화난 목소리로 쏘아댔다. 그녀는 "내 고통을 알아주는 사람은 아무도 없어."라고 되뇌며 그녀의 분노를 정당화했다.

다이앤은 아직도 그 사고에 대해 억울했다. 그녀는 그것이 다른 운전자의 잘못이라고 믿었고, 보험회사로부터 사고가 양쪽 모두의 잘못이라고 평가된 사실에 대해 분개했다. 그녀는 복수하는 환상에 빠지곤 했는데 그것에 사로잡히면서도 부끄러움을 느꼈다. 때때로 그녀는 그날 밤의 사고를 다시 곱씹었다. 어떤 다른 결과가 있을 수 있었을까를 상상하며. 이런 각각의 일어날 수 있는 다른 상황들에서, 그녀는 완벽하게 사고를 피했다. 또 다른 상황에서, 그녀는 운이 없어서 죽었다. 이런 시나리오 등은 그녀의 현재 상태에 어떤 도움도 되지 않았다. 그것들은 단순히 그녀에게 삶이 얼마나 예측불가능하고 위험한가에 대해서만 상기시켜주었다.

다이앤의 경험은 어떻게 마음이 삶을 매우 불리하게 만드는 지 알려주는 전형적인 예이다. 다이앤이 그 사고와 '그 사고가 어떻게 그녀의 삶을 바꿨는가!'에 대해 생각하는 것은 적어도 육체적인 통증만큼이나 고통을 불러왔다. 이것은 비정상적인 것이 아니다. 다이앤의 모든 생각과 감정은 고통에 대한 일반적인 반응이다. 그것이 보편적인 것인데, 그럼에도 불구하고, 그것들은 단지 고통으로 이끈다. 다이앤이 그런 생각들을 하면 할수록, 패턴은 더 견고해진다. 하지만 다이앤이 그녀의 생각이 진실이라고 생각하면서, 그녀는 그 생각들을 하지 않아도 되는 선택이 가능하다는 것을 인식할 수 없었다.

명상을 통해, 당신은 마음에 무엇이 일어나고 있는지를 더욱 잘 알아차리게 된다. 당신은 이런 자각을 매일 매일의 삶에서 고통에 대해 마음속에서 어떻게 반응하는지 알아차리는데 사용할 수 있다. "이 고통은 절대 나아지지 않을 거야."라는 이런 생각이 얼마나 자주 당신의 머리를 떠도는가? 당신이 무언가 잘하고 있다는 증거에 관심을 쓰기보단 할 수 없는 일에 신경을 쓰고 있지는 않은가? "아무도 내 고통을 이해하지 못해."라고 자신에게 속삭이는가? 아니면 당신을 지지하는 가족과 친구들에게 감사하는가? 당신은 최악의 결과를 상상하고, 느끼는 모든 것에 대해 설명을 요구하는가? 아니면 스스로를 믿고 모든 고통에 대한 지각이 무엇이 잘못되었거나 더 심해진다는 것을 의미하지 않는다는 것을 아는가?

당신이 고통에 대해 어떻게 생각하는지가 당신의 고통이나 그 작용에 큰 차이를 만들 수 있다. 예를 들어, 당신이 고통에 대해 걱정하고 최악의 상황이 올 것이라고 걱정하는 것은 뇌의 지각과 고통 그리고 고통에 방어적인 스트레스 구성요소가 고통 반응을 느끼는 부분을 활성화시켜 (Gracely et al. 2004) 고통에 더 민감하게 반응할 수 있다. 이런 종류의 생각은 스스로 충족하는 예언으로 받아들여질 수 있는데, 즉 최악의 상황을 생각하는 사람들은 결국 심리학적으로 안 좋게 끝나거나 고통이 더욱 그들의 삶을 방해하게 되는 것을 발견하게 만든다(hanley et al. 2008). 그러나 이런 효과는 뒤집어질 수 있다. 명상을 통해서 당신이 고통에 대해 생각하는 방식을 변화시키는 것은 고통을 감소시키고 활력을 증진시킬 수 있다.(Morone et al. 2008)

당신이 스스로의 생각을 알아차리기 시작하면, 어떤 생각이 계속적으로 당신을 고통받게 하는지 알 수 있다. 당신에게 어떤 생각은 따르고, 다른 생각들은 내려놓을 자유가 있다. 만약 당신의 고통을 증가시키는 생각의 맥락을 알 수 있다면, 집중명상(shamatha)에서 배운 자기연민의 행동을 상기할 수 있다. 생각을 내려놓고, 당신의 호흡에 주의를 집중해라. 당신은 이것을 언제나 할수 있다. 당신마음에 자애심을 갖기 위하여 앉아서 명상자세를 취할 필요는 없다. 만약 당신이 명상을 정기적으로 한다면, 당신의 생각에 자애심을 덜 갖게 되고, 삶을 더 잘 조절할 수 있을 것이다.

만트라 명상

치유의 소리, 단어 또는 어구를 조용히 마음속으로 혹은 크게 소리 내어 반복하라.

실습 : ·눈을 감거나 뜬 채, 어떤 자세로도 좋다.
·언제나 마음에 주의를 집중해서 부정적인 생각과 감정을 내려놓기
·스트레스나 고통의 상황에서 주의를 전환하여 안정감과 통제감, 그리고 편안함을 느끼기
·매일의 생활에서 스스로를 치유하는 생각과 감정을 떠올리기
·잠자기 전 침대에서 하는 것은 고통과 스트레스에 관련 있는 불면증에 도움이 된다.
·1분 이상 하고 싶은 만큼

만트라는 치유하는 소리, 단어 또는 어구를 소리내어 크게 말하거나 마음속으로 조용히 반복하는 것이다. 만트라는 마음에 집중해서 고요하게 하고, 만트라 명상으로 하여금 불안과 스트레스 그리고 불면증에 대한 굉장한 즉시 효과가 나타나게 한다. 하지만 만트라 명상은 빠른 해결책 그 이상이다. 요가수행자들은 만트라를 되풀이하는 것은 마음에 지속되는 느낌을 남긴다고 믿는다. 당신이 만트라를 외우는 각각의 순간마다 당신은 스스로 갖고 있는 본질적인 치유력의 진실을 상기시켜준다. 반복을 통해, 당신은 그 사실을 깊은 수준에서 인식하고 흡수하게 될 것이다.

만트라는 많은 영적 전통에서 발견되어지며, 그것들은 종교적인 글, 노래 또는 시를 포함해서 어떤 영감을 주는 원천으로부터 얻어질 수 있다. 기도들은 자주 만트라로 사용되어졌는데 정신적인 안정과 연결감 그리고 치료를 위해 반복되었다. 가장 잘 알려진 요가 만트라는 "옴"이다. 다른 많은 요가 만트라처럼 옴은 뜻이 없지만 고유한 신성함과 치료를 해주는 소리로 간주된다. 스스로 실습할 때 당신은 아래에 있는 전통적인 요가 만트라를 사용하거나 당신에게 영감을 주는 어떤 소스로 부터든 새로이 만들 수도 있다.

> ## 방법

만트라 명상을 가장 쉽게 행하는 방법은 편안한 자세로 눈을 감고, 마음속으로 조용히 만트라를 암송하는 것이다. 당신이 원하는 만큼 짧거나 길게 할 수 있다.

소리나 어구를 반복하는 것은 그 자체로 마음을 누그러뜨린다. 하지만 가장 큰 치유의 힘은 당신이 암송하는 만트라의 의미가 저절로 느껴질 때 찾아온다. 당신이 그렇게 하게 되면, 그것은 집중해서 마음속으로 만트라를 반복하는 것이 아니라 단순하게 만트라의 의미가 느껴지게 되는 자연스런 움직임이 될 것이다. 이것이 일어나는 때에, 당신은 소리나 단어를 되뇌이는 것을 내려놓을 수 있고, 만트라가 불러일으키는 느낌과 함께 이완된다.

만트라를 소리내어 크게 말하거나 노래하는 것은 매우 다른 종류의 느낌이다. 만트라를 말하는 것은 그 소리가 당신의 몸과 공조하게 된다. 그것은 또한 명상을 강력한 호흡법 실습으로 만든다. 만약 당신이 소리를 통해 시험하기를 선택한다면, 속도나 완벽한 발음에 대해 걱정하지 마라. 소리가 크거나 작거나, 당신에게 맞도록 해라.

일단 당신에게 영감을 주는 만트라를 찾으면, 당신은 그것을 다른 활동에서 사용할 수 있다. 만트라는 걷는 요가에서부터 움직이는 명상에 이르기까지 어떤 형태의 실습으로 바꿀 수 있다. 일상의 허드렛일에서도, 접시를 닦거나 빨래를 치우는 일까지, 만트라 명상과 함께 행할 수 있다.

만트라를 당신의 삶과 연결하는 다른 방법은 만트라가 노래로 불려져 녹음한 것을 듣는 것이다. 당신은 또한 녹음된 것을 요가자세로 쉬거나 명상하면서 들을 수 있고, 또는 일상 생활하면서도 들을 수 있다.

마음의 평화와 치유를 불러일으키는 요가 만트라

아래의 전통적인 만트라의 소리들은 자연스럽게 마음의 치유하는 상태를 고양하면서도 표현해 주는 두 가지로 생각되었다. 그 소리 자체가 치료하는 힘을 가지고 있기 때문에 발음에 대한 가이드가 각각의 만트라마다 있다. 만트라의 의미에 집중하는 것도 또한 똑같이 치유하는 힘을 가진다. 당신이 의미와 연결짓는 것을 돕기 위해, 그 뜻과 영어로 변용한 각각의 만트라를 다음에 제시한다. 당신은 만트라 명상을 전통적인 소리 또는 영어의 변용으로 할 수 있다.

옴om("oh-mmm"). 이 만트라는 모든 것이 하나로 연결되어 있다는 것을 표현하고, 모든 것에 존재하는 자연스러운 미덕이나 신성함을 나타낸다. "mmm"이 약간의 시간을 암시한다는 것과 마무리하는 음절 "m"을 단순히 늘이는 것이 아니라 강조해야 된다는 것을 주의해라. 또한 "oh."의 모음을 강조해야 한다. 이 만트라는 소리내어 말하거나 속으로 말할 수 있다. 연결감을 느끼며 명상해라. 영어 변용으로는 "아멘."

샷트 남 sat nam("saht nahm"or "sahtahnahmah"). 이 만트라는 지혜와 기쁨의 본성을 나타낸다. "ah"라는 소리가 "father"의 부드러운 "a"소리를 의미한다는 것을 주의해라. 목구멍에서 공명하는 소리다. 만트라를 소리내거나 안으로 되뇌여도 좋다. 모든 것이 바로 지금 이대로 괜찮다는 느낌으로, 당신의 지금 모습 그대로 이미 건강하고 전체성을 가진 느낌으로 명상하라. 영어 변용으로는 "나는 이미 치유되었고, 온전하다." "건강(즐거움, 지혜)은 나의 진정한 본성이다."

소 함 So hum("so huhmmm"). 이 만트라는 호흡의 소리를 나타낸다. 다른 대부분의 만트라와는 달리, 밖으로 크게 소리내는 것이 아니라 속으로만 암송해야 한다. 숨을 들이쉬면서, "소 so"를 마음으로 생각하거나 들어라. 내쉬면서 "흄hum"을 마음으로 생각하거나 들어라. 호흡의 흐름과 삶의 에너지와의 연결대로 명상해라. 영어 변용은"들이마쉬고, 내쉬어라."이다.

옴 산티 옴 Om shanti om ("ohmmm shahntee ohmmm"). 이 만트라는 평화에 대한 직접적인 경험과 다른 이들과 평화를 나누고 싶은 소망을 나타낸다. 밖으로 소리내거나 안으로 되뇌일 수 있다. 내면의 평화와 수용, 용서에 대한 갈망, 다른 이들에게서 평화를 찾고자하는 느낌에 대해 명상해라. 영어 변용은 " 숨을 들이쉬며, 나는 평화를 선택하고, 내쉬면서 내려놓는다."

옴 마니 파드메 홈 Om mani padme hum ("ohmmm mahnee pahdmay huhmmm") 이 만트라는 자애심, 연결감, 그리고 고통으로부터의 자유를 나타낸다. 밖으로 크게 말하거나 속으로 되뇌일 수 있다. 당신과 타인에 대한 자애심에 대해 명상해라. 영어 변용은 "내 심장은 열려 있다. 내가 이 고통으로부터 자유로울 수 있기를."

스스로의 만트라를 만들기

만트라는 당신이 안전하고, 사랑받고, 강하고 용기있고, 행복하거나 또는 평화롭게 느껴지는 어떤 어구로도 가능하다. 당신이 좋아하는 기도와 시, 또는 영감을 주는 명언 같은 것이 있는가? 당신의 만트라를 발견하는 방법은 스스로에게 "내가 무엇을 듣는 것을 필요로 할까"라고 묻는 것이다. 당신이 진심으로 알고 있지만 그럼에도 불구하고 스스로 상기하기에 허락이 필요한 것이 있는가? 만약 당신이 마음과 심장으로 그것이 진정이라는 것을 알고 있다면 어떤 것이 당신의 고통을 완화시켜 줄 것인가? 어떻게 당신이 그 생각을 문구나 문장으로 표현할 것인가?

명상 실습에서 시도할 수 있는 만트라에 대한 몇몇 아이디어를 쓰는데 약간의 시간을 가져라.

마음을 움직이기(Citta Bhavana)

마음에 구체적인 치료의 상태를 주는 감정, 생각, 지각을 가져와라.

실습: ∙ 눈을 감거나 뜬 채, 어떤 자세로도 좋다.

∙ 구체적인 마음의 상태를 경험하고 싶을 때는 언제라도

∙ 당신이 처음으로 일어났을 때, 그 날을 위한 목적을 정하기 위해, 또는 잠자러 가기 전에, 그 날을 마무리 하는 개인적인 의식으로.

∙ 요가 호흡, 움직임, 또는 이완 실습의 부분으로써 ─찟따 브하바나(citta bhavana) 명상은 대부분의 요가실습에 덧붙이기에 훌륭하다.

∙ 매일 몇 분 동안. 찟따 브하바나(citta bhavana)명상은 가장 치료효과가 클수 있다. 그것이 매일매일 행해질 수 있다면 말이다.

다음의 명상은 감사함과 기쁨과 같은 마음의 특별한 형태를 만드는데 기억과 상상을 이용한다.

많은 사람들은 감정을 느끼기 위해 그 감정을 선택하는 것이 무의식적으로 감정을 불러오면서 당신의 몸과 마음에 같은 효과를 갖는다는 것을 믿기 어려워한다. 하지만 당신이 느끼기를 선택한 감정은 외부의 사건들로 일어난 감정만큼이나 실제적이다. 당신의 뇌와 몸에서 일어나는 변화는 같다. 그리고 당신의 기분에 대한 영향도 그만큼 강하다. 이것은 좋은 소식인 동시에 나쁜 소식이기도 하다.

나쁜 소식은 스트레스, 분노, 불안, 그리고 다른 불편한 마음상태의 감정들이 꼭 현실처럼 일어난다는 것이다. 당신은 아마 스트레스를 주는 것에 대해 생각하는 것이 당신의 몸에 똑같은 반응을 불러 온다는 것을 이미 알아차렸을 것이다. 그리고 그것이 실제로 일어난 것처럼 당신을 끔찍하게 만든다. 사람들은 이 스스로 만든 끔찍함이 얼마나 현실에 영향을 주는가에 대해 질문을 던지지 않는 경향이 있다. 우리들 모두는 그것을 경험해 보았고, 그래서 그것이 현실에 영향을 준다는 것을 안다.

좋은 소식은, 감사와 같은 이런 긍정적인 감정이 외부에서 발생한 것이든 당신이 그것을 경험하기를 선택했던 간에 치유의 상태라는 것이다. 예를 들면 매일 밤 당신이 감사하게 느끼는 것을 생각하는 것은 기분과 육체적인 건강에 매우 긍정적인 영향을 끼칠 수 있다(Emmons and McCullough 2003). 연구결과로 보여준 바에 의하면 당신이 명상에서 긍정적인 상태를 경험하기 위한 능력을 계발한다면 삶에 응답하여 자동적으로 긍정적인 상태를 경험하기 위한 당신의 잠재력이 강해진다는 것이다(Fredrickson et al. 2008).

당신이 찟따 브하바나(citta bhavana)명상을 통해 긍정적인 마음의 상태를 더 많이 실습할수록, 당신은 그것이 얼마나 강력하고 치유효과를 갖는지를 더 많이 알게 될 것이다. 아래에 포함된 것은 감사함과 즐거움, 용기와 연결감을 키우는 명상이다.

당신이 느낄 수 있는 모든 긍정적인 감정들; 흥분, 희망, 자랑스러움, 즐거움 그리고 사랑 등등에서 감사함은 가장 쉽게 선택할 수 있다. 그것은 당신의 삶에서 그 무엇도 바꿀 필요가 없고, 누구나 무언가 감사할 일은 갖고 있다. 언제든 당신이 깊은 내면의 즐거움을 경험하려고 두드려 볼때, 감사함을 선택하는 것으로 시작해라. 다음의 명상은 당신이 감사하는 마음과 즐거움의 감정에 집중하게 한다.

당신이 감사하게 느끼는 것들을 마음으로 가져와라. 스스로 각각에 감사하는 느낌을 느끼게 허락해라. 당신은 이것을 명상으로 혹은 숙고해서 쓰는 것으로 수행할 수 있고, 감사하는 목록에 매일 추가할 수 있다.

하루를 마무리하며, 마음속으로 좋았던 순간들을 떠올려라. 기쁨, 아름다움, 유머러스함, 타인과의 연결감, 새로운 것을 배우는 것, 또는 도움이 되었다는 것과 일을 잘했다는 만족감. 각각의 순간이 떠오를 때마다 마음으로 "감사하다"고 말해라.

누군가 당신에게 고마워했던 순간들의 기억을 마음으로 가져와라. 당신이 이 순간을 생각할 때, 감사받는 느낌이 어떤 것인지를 떠올려보라. 그 기억에 머무름으로써 그 감정을 다시 느낄 수 있는 지를 보라. 그리고 나서 당신이 감사할 수 있는 사람을 마음으로 떠올려봐라. 각각의 사람에게 감사해하는 것을 생각하고, 감사받는 것에 그들이 어떻게 느낄 지 상상해라. 감사함을 확장하고 받는 것이 어떻게 느껴지는지 알아차려라.

당신이 더 큰 즐거움과 깊은 평화를 느끼던 순간들의 기억을 마음속으로 가져와라. 당신이 그 순간들을 생각할 때, 그것을 자세하게 떠올리고, 당신의 몸에서 어떻게 느껴지는지 기억해 봐라. 당신이 그런 감정들을 지금 다시 경험할 수 있는지를 보라. 그다음으로 당신이 기억의 세밀한 것들을 내려놓고도 이 순간에 당신의 몸에서 기쁨과 평화의 경험과 함께 머무를 수 있는지를 보라.

당신이 웃었던 순간의 기억을 떠올리거나 단순히 무엇인가에 의해 웃는 것을 상상해보라. 웃음이 당신의 몸에서 어떻게 느껴지는지와 당신이 그 느낌을 지금 다시 경험할 수 있는지 보라. 당신은 스스로 미소 짓고 있거나 웃기까지 하는 것을 발견할 수 있을 지도 모른다!

이 명상중 하나를 수행한 다음, 당신의 호흡과 몸의 느낌을 자각하라. 당신이 스스로의 몸에서 감사함과 즐거움을 어떻게 느낀 채 머무를 수 있는지 보라. 이런 지각들이 당신 자신의 마음과 열린 가슴에서 나온다는 것을 알아차려라. 감사함과 즐거움은 당신에게로 오는 것이 아니라, 당신의 내면에서 일어난다. 이 명상을 끝내면서, 스스로 상기해라. "기쁨은 나의 진정한 본성이다."

당신은 용기가 다른 사람들과의 연결감에 관련이 없다고 생각할 것이다. 우리 문화는 용기를 위험을 감수하고 홀로서기 위한 의지로 보는 경향이 있다. 그것은 괜찮고 좋다. 하지만 우리에게 가장 필요한 용기는 우리에게 무슨 일이 일어나든 간에 그것을 다룰 수 있다는 느낌이다. 이런 종류의 용기는 비행기에서 고공낙하를 하는 것이나 당신이 원하는 것을 위해 싸우는 의지에 뿌리내리지 않았고 타인과의 연결감에 있다. 용기를 가지고 삶과 마주하는 것은 당신이 그것을 다른 사람을 위해서나, 혹은 그 사람과 함께 할 때 더 쉽다. 다른 한편으로 공포는 보통 고립감, 고독함, 그리고 당신이 어떤 상황이든 혼자 겪어야 한다는 것에 뿌리를 두고 있다.

당신의 매일의 도전, 고통, 질병 또는 심장병에 맞서서 자연스럽게 용기를 강하게 해 줄 연결감에 대한 많은 명상이 있다.

당신이 다른 이들과 연결되어 있다고 느낄 때의 기억을 마음속으로 떠올려라. 동물이든, 자연이든. 당신이 애정, 사랑, 감사함, 가까움, 또는 무언가 큰 것의 일부였다고 느꼈던 순간 말이다. 당신이 이런 때에 대해 상상하면서, 그것이 당신의 몸에 어떻게 느끼게 됐는지를 떠올려라. 그리고 당신이 지금 그 감정들을 재경험할 수 있는 지를 보라.

당신의 하루를 마치면서, 당신이 상호작용했던 많은 사람들에 대해서 떠올리는 시간을 가져봐라. 어떤 사람이든 당신이 자연스러운 연결감을 느꼈거나 당신의 연결감을 강화시켜 줄 사람에게 마음을 머물러라. 각각의 사람에 대해 마음으로 말하라. "바로 나와 마찬가지로, 이 사람이 건강하기를 기원합니다. 바로 나처럼, 이 사람이 행복하기를 기원합니다. 바로 나처럼 이 사람이 고통으로부터 자유로워지기를 기원합니다. 바로 나처럼 이 사람이 평화를 알기를 기원합니다." 당신이 스스로를 각각의 사람들에게 연결감을 느끼게 할 때마다, 우정의 기원을 보태라. "당신이 건강하기를, 당신이 행복하기를, 당신이 고통에서 자유롭기를, 당신이 평화를 알게 되기를." 이 명상은 타인을 용서하고, 우정을 쌓으며, 당신이 당신의 공동체에 더 연결되었다고 느끼게 하는 강력한 방법이다.

용기를 선택하기 위해서, 마음속으로 당신이 당신의 삶에서 가장 중요하게 생각하는 사람이나 당신이 공포를 대면하는 데에 도움을 줄 사람을 떠올려라. 각각의 사람에 대한 연결을 당신의 몸에서 스스로 느끼도록 해라. 당신이 애정과 감사, 연민을 느끼고 책임감을 갖도록 해라. 그런 다음 그것을 위한 행동에 전념하고, 이 행동으로부터 오는 자연스런 용기의 느낌을 느껴라.

당신이 매일의 노력을 누군가 고통스럽거나 격려가 필요하거나, 지지 또는 치료가 필요한 사람에게 바쳐라. 이 사람을 마음으로 떠올려 그 사람에 대한 연민과 좋은 의지를 느껴봐라. 마음속으로 되뇌여라. "내 오늘의 행동이 [이사람]이 건강하고 행복한데에 도움이 되기를." 당신의 행동과 그 사람의 안녕 사이에 반드시 논리적인 관계가 있어야 하는 것은 아니다. 다만 이렇게 봉사하는 것은 당신 스스로의 용기를 북돋고 그 사람에 대한 연결을 강화할 것이다.

누군가 거대한 도전이나 고통을 겪는 이를 마음속으로 떠올려라. 그 사람이 그 경험들에 맞서야 하기위해 가져야 할 용기를 상상해라. 당신이 이 용기로부터 떠오르는 것이나 그 사람에 대한 존경심을 몸으로 느껴라. 그 사람이, 다른 모든 이와 마찬가지로, 그녀나 그의 용기가 독특한 것이 아니라는 것을 알아차려라. 당신 또한 엄청난 일을 평상의 도전만큼이나 다룰 수 있는 힘이 있다는 것을 알아차려라. 당신의 마음속으로 되뇌여라. "바로 나처럼, 이 사람도 공포를 느낀다. 바로 나처럼, 그[그녀]는 의심이 있다. 그리고 바로 그[그녀]처럼 나는 오늘을 용기와 의지로 맞설 수 있다."

당신이 용기를 가지고 행동했던 시간이나 뭔가 어려운 것을 하면서 만족을 느꼈던 기억을 떠올려라. 당신이 이때를 생각하면서, 당신의 몸에 어떻게 느껴졌는지를 상기하라. 그리고 당신이 이 감정을 다시 경험할 수 있을지를 보라.

당신이 희망과 용기를 불러일으키는 명상을 발견할 때는 적어도 한 주 동안 매일 실습하는데 전념해라. 용기와 연결감의 씨앗을 심고 가꾸어라. 그리고 명상이 시간이 지남에 따라 당신에게 어떻게 작용하는지 관찰하여라.

다른 찟따 브하바나(Citta Bhavana)명상

당신은 계발하고 싶은 어떤 마음의 상태를 위해 자신만의 명상을 만들 수 있다. 찟따브하바나(citta bhavana)의 두 가지 원칙만 간단하게 따라라. (1) 이 상태의 마음을 반영하는 생각이나 단어를 떠올려라. 당신이 진심으로 그렇게 느껴졌던 기억들, 또는 누군가 아니면 무엇인가 당신에게 이 상태를 자연스럽게 불러 오는 것, 그리고 (2) 이 생각과 기억, 시각화되는 것과 함께 오는 느낌에 집중해라.

찟따브하바나(Citta Bhavana)에 대한 반응

찟따브하바나(Citta Bhavana)명상이 요가의 가장 잘 치료하는 도구 중에 하나이기는 하지만, 많은 사람들은 처음에 그것이 그렇게 자연스럽지 않다고 느낀다. 만약 당신이 감정을 속이고 있거나 그저 움직임만을 행하고 있다고 느낀다면 걱정하지마라. 그리고 명상이 일어나지 않고 있다고 생각하지 마라.

찟따브하바나(Citta Bhavana)명상은 정원을 꾸미는 일과 같다. 당신이 처음으로 명상을 시도하게 될 때, 긍정적인 감정의 씨를 심는다. 당신이 이 명상으로 들어오는 때마다 당신은 씨앗에 물을 주어 씨앗이 자랄 자양분이 있는 환경을 만든다. 당신은 이 결과를 바로 볼 수 없다. 씨앗이 자라나고 있음에도. 하지만 시간과 지속적인 살핌 속에 씨는 강하게 뿌리내리고, 땅위로 자라게 된다.

이것이 찟따브하바나(Citta Bhavana)명상이 작용하는 방식이다. 어떤 점에서, 씨앗은 당신의 마음에 뿌리를 내릴 것이고 그것은 생각, 감정, 그리고 행동에서 나타날 것이다. 그러니까 이런 명상들이 처음에는 자연스럽게 느껴지지 않는다고 걱정하지마라. 씨앗을 심고, 기르고, 그리고 무엇이 자랄지 기다려보라.

쁘라띠빠크샤 브하바나(Pratipaksha Bhavana, 마음을 반대 방향으로 움직이기):
고통과 어려운 감정들을 위한 명상 테크닉

하나의 감각느낌, 감정 또는 생각을 알아차리고, 의식적으로 당신의 주의를 그것의 반대로 돌려라. 뒤로 갔다가 앞으로 여러 차려 바꾸어라. 당신이 모든 경험을 환영할 수 있는 능력을 개발하며 또한 현재 순간에 대한 경험에 초점 맞추는 것을 선택할 수 있게 한다.

실습:
- 언제든 감정적인 회복력과 고통과 괴로움을 변화시킬 수 있는 기술을 개발하기 위해
- 스트레스나 고통 또는 다른 힘든 감정적인 경험에 있을 때.
- 하거나 필요한 만큼 길게

쁘라띠빠크샤 브하바나(Pratipaksha Bhavana) 명상은 당신이 스스로의 경험을 판단하는데 관심과 상상력의 힘을 보여주고, 또한 강하게 해준다. 이 명상의 목적은 당신의 마음이 안전한 곳이라는 것을 알도록 도와주는데 있다. 당신은 무슨 일이 닥쳐오던 그것을 다룰 내면의 힘을 가지고 있고, 당신의 생각과 감정의 노예가 아니다.

이것은 도전하는 실습이다. 당신은 그것에 작은 발걸음부터 접근해야한다. 점차로 이 명상에 대한 당신의 편안함과 자신감을 기르면서. 정기적으로 집중명상(shamatha)를 행하는 것은 이 명상을 하기 위한 강력한 기초가 되어 질 것이다.

쁘라띠빠크샤 브하바나(Pratipaksha Bhavana)는 당신의 생각과 감각 그리고 감정을 변화시킬 수 있는 당신의 능력을 기르는 보호적인 테크닉부터 시작한다. 두 번째 부분은 당신이 고통과 어려운 감정들에 부딪쳤을 때에 쓸 치료하는 테크닉이다. 어쨌든 간에 보호적인 테크닉을 행하는 것은 당신이 최악의 상황에 있지 않을 때 매우 중요하다. 당신이 그것을 매우 강하게 필요하기 전에 명상과 함께 편안함과 능력을 개발해라. 그럼으로써 당신이 더 심한 고통과 괴로움 속에 있을 때 그것을 처음으로 미숙하게 시도하지 않도록 해라.

보호적인 실습: 반대를 탐구하기

당신이 어떤 강한 감정이나 감각을 느끼고 있지는 않지만 고통과 괴로움을 변화시킬 능력을 갖고 싶을 때 이 형태의 쁘라띠빠크샤 브하바나(Pratipaksha Bhavana)명상을 행해라.

편안하게 앉아있는 어떤 자세나 쉬는 자세에서 몇 분간 육체적으로 이완하고 숨을 따라가 보아라. 당신이 준비가 되면, 당신의 주의를 심신상태의 반대되는 짝에 뒤따르는 어떤 느낌(혹은 상상)에 두기 시작하라. 당신이 이 수련의 완전한 통제권을 가지고 있는 것을 기억해라. 당신은 어떤 반대의 짝을 탐구할 것인지 결정할 수 있고 아니면 뛰어 넘을 수도 있다. 당신은 언제든지 명

상의 초점을 바꿀 수 있다.

몸의 반대 부분의 감각

- 가벼움/무거움
- 정지하기/움직이기
- 뜨거움/차가움

- 불편함/편함
- 긴장/이완

시작할 짝을 골라라. 한 짝의 처음 상태에서 스스로에게 물어라. "내 몸이 현재 이 상태가 느껴지는 부분이 있는가? 그것이 어떻게 느껴지는가? 어디에서 느껴지는가?" 만약 그 상태가 현재 나타나지 않았다면, 그 느낌을 받은 기억을 마음속으로 떠올려라. 감각, 생각, 그리고 감정, 그것이 어떻게 느껴지는지 상상해라. 이 상태를 느낀 다음에, 반대 상태로 바꾸고 똑같이 해보아라. 그러면 다시 처음 상태로 돌아가서 다시 한 번 느끼고, 두 번째 상태로 바꿔, 다시 한 번 느껴보아라. 당신은 앞뒤로 몇 번이든 원하는 만큼 바꿀 수 있다. 당신은 또한 두 반대의 짝을 한 순간에 느끼는 것이 가능하다는 것을 알게 될 수도 있을 것이다. 두 상태를 내려놓거나 아니면 한 상태로 쉬는 것으로 당신이 다음 짝으로 넘어가기 전에 그 짝을 끝내라.

당신이 하고 싶은 만큼 많은 짝을 탐구한 뒤에, 당신의 주의나 경험을 통제하려고 하지 않으면서 당신의 몸을 자각하면서 쉬어라. 몸이 이 순간 어떻게 느껴지는지, 당신의 마음이 무엇에 자연스럽게 이끌리게 되는지를 알아차려라. 당신은 여기서 그만둘 수 있고 또는 마음의 다른 부분으로 옮길 수 있다.

몸의 반대되는 감각들을 경험하는 것은 육체적인 고통에 대처하는데 특히 도움이 된다. 수련을 통해, 당신은 고통이 있을 때 의식을 다른 감각에 집중하는 방법을 훈련하게 될 것이다.

마음의 반대 상태

마음의 반대되는 짝들을 보자면, 어떤 짝이든 한 쪽은 다른 쪽보다 훨씬 더 편안하게 느껴진다. 당신의 일상의 대부분, 당신은 불편한 상태를 피하려고 노력했을 것이다. 그리고 그래도 그것들은 어떤 방법으로든 불청객으로 다시 솟아난다. 그런 생각과 느낌을 받아들이는 것은 바보처럼, 혹은 공포스럽게 느껴진다. 하지만 우리는 이것을 언제나 하고 있다. 단지 의식적으로 자각하고 있지 않았지만. 당신의 마음이 과거나 미래에 떠돌도록 내버려둘 때, 당신은 현재 무엇이 실제로 벌어지고 있는지와 전혀 관계없는 강력하고 실제적인 감정을 갖게 된다. 만약 당신이 모든 떠도는 생각에 의해 이런 식으로 스스로를 이끈다면, 당신의 마음은 안전한 곳이 아니라 지뢰밭처럼 느껴질 것이다.

다른 형태의 마음에 대해 의식적으로 탐구하는 실습은 당신이 그것에 의해 걱정하거나 압도되지 않는 법을 가르쳐준다. 당신은 그것들을 당신을 통해서 움직이는 것이나 당신을 정의하거나 콘트롤하지 못한다는 것, 떠도는 생각인 채로 알아차릴 수 있다. 당신이 반대를 오고가는 것을 실행함에 따라 마음을 관찰하고 이끌 수 있는 당신의 부분으로서 스스로의 내면의 지혜를 알게 될 것이다.

- 안정/스트레스
- 행복/슬픔
- 감사/분노
- 희망/ 실망
- 사랑/외로움
- 용기/두려움
- 자기확신/자아비판

가장 두렵지 않은 짝부터 시작해라. 쌍의 각각의 상태마다, 스스로에게 먼저 물어라:"이 상태가 현재 있는 것인가? 내가 그것을 내 몸과 마음 어딘가에서 느끼고 있는 것인가?" 만약 그것이 현존한다면, 그것이 어떻게 느껴지는지 스스로에게 물어라. 그렇지 않다면, 그 감정이 느껴지던 때나 아니면 단지 그것이 어떤 상태로 느껴졌는지에 대한 기억을 마음속으로 떠올려라. 당신이 이 기억들을 마음속으로 떠올리게 될 때, 이 마음상태가 몸에서 어떻게 느껴지는지를 봐라.

잠시 후에, 반대쪽 상태로 전환하고 다시 이 절차를 밟아라. 당신은 이 상태가 지금 몸이나 마음에서 느껴지는가? 당신이 그렇게 느꼈던 때가 기억이 나는가? 당신의 마음을 불편한 반대로 옮길 때 편안히 하고, 당신이 언제든지 반대의 치유하는 상태로 갈 수 있다는 것을 기억해라.

만약 당신이 이런 식으로 느꼈던 때를 기억하고자 선택한 경우, 무엇이 벌어졌고 왜 당신이 이런 식으로 느꼈는지에 대해 생각 속에 파묻히지 않도록 노력해라. 기억은 감정을 불러오기 위해서만 써라. 그리고 그 이야기는 내려놓고 그 감정을 느끼는 자세로 받아들인다. 만약 당신이 스스로 그 이야기에 사로잡힌 것을 알게 된다면, 마음을 고요히 하기 위한 집중명상을 기억하라. 당신의 의식을 들이쉬고 내쉬는 숨이 어떻게 느껴지는지에 두고, 생각은 내려놓아라.

당신이 보다 불편한 한쪽을 탐구한 뒤로는 더 편안한 마음상태로 바꿔 돌아와라. 어떤 반대의 감정이 다른 것들보다 더 아프게, 또는 벗어나기가 힘든가 알아차려라. 집중해서 실행함으로, 당신은 더 쉽고 빠르게 당신의 마음과 몸의 상태를 바꿀 수 있을 것이다. "긍정적인"상태의 느낌에서 잠시 쉬고, 당신의 몸 안에서 일어나는 것을 느껴보아라. 지금 이 순간에 몸느낌과 호흡으로 돌아와 끝내라.

당신이 하고 싶은 만큼 반대의 짝들을 탐구해 보았을 때(보통, 한 짝이면 충분하다) 당신의 몸과 마음을 느끼면서 단순히 쉬어라. 당신의 주의나 경험을 조절하려고 하지마라. 당신의 몸이 그 순간에 어떻게 느끼는지와 당신의 마음이 무엇에 자연스럽게 이끌려지는지를 보라. 당신이 이것을 행함으로써 무엇이든 스스로에게 얻은 통찰이나 관찰 결과를 알아차려라. 만약 이 명상이 강한 기억, 감정, 또는 통찰을 불러온다면, 그것에 대해 써보는 시간을 갖거나 누군가 믿을 수 있는 사람과 경험을 공유하는 게 도움이 될 수 있다.

> ### 변형하는 실습:치유를 선택하기

이 형태의 쁘라띠빠크샤 브하바나(Pratipaksha Bhavana)명상을 고통과 감당하기 어려운 감정을 가질 때 사용하라.

어떤 자세든 당신이 편안하고, 안전하고, 또는 보호받는 느낌을 주는 자세에서 시작해라. 6장의 몇몇 가능한 이완 자세를 보라.

══ 육체나 감정적인 고통과 함께 현존하기

이 실습의 중요한 부분은 먼저 당신이 변화하고 싶은 마음과 몸의 상태를 스스로 느끼도록 용인해야 된다는 것이다. 변형은 억제와 같은 것이 아니다. 당신이 느끼고 있는 것을 막으려고 하면, 그것은 아마도 더 강해질 것이다. 그러니까 당신이 있는 곳으로부터 시작해라. 지금 무엇이 당신의 몸과 마음속에 나타나고 있는가? 당신에게 통증과 고통을 유발하는 것을 포함하여 어떤 감각이나 생각이나 감정이든 알아차려라. 이러한 감각, 생각과 감정이 몸과 마음을 오고가는 것을 마치 호흡이 몸을 들고 날 때 나타나는 감각느낌을 지켜보는 것처럼 무척 비슷하게 몸과 마음을 오고 가는 것을 바라보아라.

당신이 느끼고 있는 무엇이든 간에 그것에 안전한 용기를 만들어라. 그것은 당신이 감정이 일어난 스토리, 즉 당신이 왜 이렇게 느끼는가나 그것이 무엇을 의미하는가와 같은 것에 사로잡혀야 한다는 것이 아니다. 대신, 당신의 몸과 호흡에 머물러 고통과 감정이 어떻게 느껴지는지 만을 알아차려라. 당신이 필요로 하는 일정량의 시간 같은 것은 존재하지 않는다. 10번의 호흡이면 아마 충분히 길 것이다. 다른 시간으로 하면, 10분 정도면 적절할 것이다. 당신은 당신이 무엇을 느끼는 가에 대해 수용과 환영할 만할 감각을 찾고 있다. 당신이 더 이상 저항하거나 그 생각을 끊어내려 하지 않는다면 다음 단계로 넘어갈 준비가 된 것이다.

══ 반대의 짝을 선택하기

스스로에게 물어라. "만약 내가 [고통, 스트레스, 피로, 분노, 공포, 등등]에서 완전히 자유롭다면 나는 대신 무엇을 생각하거나 느끼고 싶어 할까? 지금 내가 느끼는 것에 어떤 상태의 마음과 몸이 치유를 해줄까?" 그 답(편안해지기, 따뜻이 치료하기, 에너지, 수용, 용서, 감사, 용기, 등등)은 당신이 하는 명상의 초점이 될 것이다. 당신은 한 짝 이상을 선택해 탐구할 수 있지만, 한번에 하나에만 집중해라.

반대의 짝을 만들기

당신의 반대되는 상태가 어떻게 느껴지는지의 기억을 떠올려라. 당신은 그 감정을 느꼈던 구체적인 기억을 마음에 떠올릴 수 있고, 아니면 그것이 어떻게 느껴졌는지에 대한 기억만을 가져올 수 도 있다. 만약 거기에 이미지나 사람, 만트라 아니면 무엇이든 당신에게 그 감정을 불러올 것이 있다면 당신은 그것에 집중할 수 있다. 스스로 이 상태의 마음과 함께하는 몸의 감각을 느끼고 그것이 마음과 몸을 씻는 것을 느껴라. 이 과정에 머무르고 싶은 만큼 머물러라.

반대를 환영하기

이 명상을 끝내기 위해서, 당신의 주의을 지금 당신이 어떻게 느끼고 있는 지로 가져와라. 당신이 무엇을 생각하고 느끼는 지를 통제하려고 시도하지 마라. 단순히 지금 이순간 무엇이 당신에게 현존하는지를 느껴라. 당신이 더 안정되고 편안해 진 것을 느낄 것이다. 당신은 두 짝 중 하나가 돌아온 것을 알게 될지도 모른다. 어떤 생각과 감정도 강제로 하거나 저항하지 마라. 이 명상을 모든 감각과 생각, 감정을 다룰 힘과 치유을 선택할 수 있는 자유를 갖고 있다는 것을 알면서 끝내라.

짐의 이야기: 고통의 반대

짐은 얼마 전에 이라크에서 돌아온 미군의 베테랑이다. 그는 길가의 폭발로 인해 왼쪽 팔을 잃었다. 절단수술 두 달 후인데, 그는 가끔 왼쪽 팔이 아직 자기 몸의 일부분인 것처럼 느껴졌다. 불행히도, 그는 그 팔을 통제할 어떤 느낌도 느끼지 못했다. 형체없는 팔을 자각하게 되었을 때, 그것은 팽팽하고 불편하게 딱딱했다. 곧 팽팽함은 고통이 되었고, 근육 경련처럼 그리고 그것은 욱신거리는 열을 동반했다.

짐은 그가 민간인의 생활에 돌아갈 수 있게 도와주는 집중적인 사회 복귀 프로그램을 받았다. 그 프로그램의 한 부분으로, 그는 형체 없는 팔의 고통을 다루는 이미지기법을 배웠다. 하나의 기법은 반대 짝의 원칙을 썼는데, 쁘라띠빠크샤 브하바나(Pratipaksha Bhavana)와 많이 흡사했다.

짐은 그의 오른쪽 팔의 고통없는 느낌을 그의 형체없는 왼쪽팔의 반대 짝으로 사용하는 것을 배웠다. 그가 형체 없는 팔을 자각하게 될 때, 그의 관심을 오른쪽 팔의 이완감과 시원함을 느끼는 데 집중했다. 그다음은, 오른쪽 팔의 이런 감각느낌에 집중했던 것처럼 그의 형체 없는 팔을 풀고 이완하는 것을 상상했다. 다음으로, 그의 오른쪽 팔을 움직이고 그것을 움직이며 가벼움과 안락한 느낌을 받았다. 그리고 오른쪽 팔을 움직이듯이, 그의 형체없는 팔이 편안하게 움직이는 것을 상상했다. 그는 그의 형체 없는 사지를 스트레칭 한 후에 주먹을 펴고, 근육에 긴장 없이 옆에 놓아 쉬게 하는 것을 상상하며 명상을 끝냈다.

이 명상은 그의 형체없는 사지의 통증 강도를 감소시키는데 도움이 되었고, 몇 달간의 과정을 통해 짐은 형체없는 팔의 고통으로부터 거의 자유로워졌다.

이와 같은 명상 기법은 단순히 형체없는 사지통증뿐만 아니라 많은 형태의 만성적인 고통에 대해 많은 임상장면에서 탐구되어지고 있다. 연구자들은 상상이 고통을 치유하고 뇌가 통증을 진행시키는 과정에 진정한 변화를 가져올 강력한 도구라는 것을 밝혀내고 있다.(MacIver et al.2008)

당신에게 통증이 있을 때, 무엇이 당신이 집중할 수 있는 반대의 감각느낌인가? 당신은 이러한 감각느낌을 고통이 있는 당신의 몸의 일부에 퍼져가는 것을 상상할 수 있는가? 이런 기법을 배우는 데에는 시간이 걸리지만, 당신이 열린 마음이라면, 당신은 상상력이 정말 큰 변화를 이끌어낼 수 있음을 알게 될 것이다.

하나로 합치기

이제 당신만의 개인적인 요가 프로그램을 만들 준비가 되어 있다. 당신은 당신의 삶에 적합하고 몸과 마음, 그리고 영적인 면을 지원하는 치유적인 요가 실습을 하는데 필요한 도구들을 모두 배웠다. 다음 장은 당신이 좋아하는 수련을 몸과 친하고, 호흡하고, 움직이고, 이완하고, 명상하는데 어떻게 통합해 구성할 지를 보여 줄 것이다.

Chapter 8 개인적인 요가 프로그램

당신을 위한 요가프로그램 맞춤은 건강과 안녕을 경험하게 해주는 가장 확실하게 좋은 방법이다. 이 장은 당신이 4가지 다른 유형의 실습을 포함해 개인적인 요가 프로그램을 합치도록 도와줄 것이다.

1. 본래로 돌아오는(homecoming)수련, 당신이 단지 몇 분 만에 당신의 몸과 마음, 영성에 다시 연결 할 수 있게 한다.
2. 당신의 하루를 시작하거나 마칠 요가 의식
3. 더 길게 보호하는 수련, 활력과 원기회복, 지혜, 그리고 기쁨을 발달시킨다.
4. 치유하는 수련, 당신이 육체적인 고통에 있을 때나 기진맥진할 때, 또는 감정에 압도당했을 때

당신은 이 형태의 수련 중에서 다른 것보다 당신의 삶에 더 잘 맞는 것을 찾을 것이고, 그 수련에 머무르기를 선택할 것이다. 아니면 당신은 그것을 모두 당신의 삶의 일부로 받아들일 수 있다. 요가는 꼭 긴 시간이 걸리거나 매일 같은 방식으로 행해지는 것은 아니다. 어떤 날에 당신은 매우 짧은 실습을 원할 것이고, 다른 때는 30분이나 더 시간을 소요할 것이다. 어떤 날은 당신이 강하게 느낄 것이고, 또 어떤 날은 뭔가 부드러운 것을 필요로 할 것이다. 이 4가지의 실습은 당신에게 많은 선택권을 준다. 그래서 당신은 언제나 당신의 필요에 맞는 실습을 선택할 수 있다.

각각의 수련유형에, 스스로의 프로그램을 만드는 지침과 같은 당신이 따를 실습의 예를 알게 될 것이다. 당신은 요가 프로그램을 만드는데 스스로의 판단을 믿지 못하고 주저할지 모른다. 내 학생들이 보통 나에게 말하기를 그들이 스스로 개인적인 요가 프로그램을 만들기에는 요가에 대해서 아직 충분히 알지 못해 하나의 "맞춤"실습이 주어지기를 원한다는 것이다. 만약 당신이 이렇게 느낀다면 당신은 예로 주어진 수련방법을 따르는 것으로 시작할 수 있다. 당신이 다른 실습들을 탐구함에 따라, 당신은 곧 거기에 하나의 맞는 길이나 마법의 공식같은 것이 존재하지 않는다는 것을 알게 될 것이다. 당신의 몸과 당신 내면의 지혜를 믿어라. 세계에 아직 존재하지 않았던 요가 수련, 그러나 당신을 위해 그야말로 완벽한 요가프로그램을 만드는데 주저하지마라.

본래로 돌아오는 수련("즉각적인"요가)

본래로 돌아오는 수련은 당신의 몸과 마음, 영성을 재결합 할 수 있는 하나의 단순한 요가 수련이다. 그것은 무언가 당신이 이 순간의 몸과 호흡으로 귀환하게 해주는 것이 되어야 하고 당신이 스트레스와 통증, 고통을 내려놓도록 도와야 한다. 당신의 본래로 돌아오는 수련은 당신의 기분을 즉시 더 좋게 만드는 것이어야 한다. 그것은 단지 최고로 몇 분 걸리며, 당신이 어디에서나 과시하거나 공연한 소란 없이 할 수 있다. 그것은 당신이 이 책에서 배운 어떤 요가 실습일 수도 있고, 아니면 당신이 배운 무엇인가 스스로의 독특한 것일 수도 있다. 가장 중요한 것은 당신이 언제나 그것이 필요할 때, 하루에 걸쳐서 실제로 사용하는 것이 되어야 한다.

본래로 돌아오는 수련 만들기

여기에 당신의 몸과 마음, 그리고 영성을 다시 연결하는 것을 도와줄 실습에 대한 몇 가지 아이디어가 있다.

- 호흡을 직접 자각하기(p.38)
- 환희의 호흡(p.52)

- 태양호흡(p.97)

- 지지되는 역위자세에서 이완하기(p.126)

- 사마타명상(마음과 친구되기)(p.144)

- 좋아하는 만트라로 만트라 명상(p.148)

- 당신이 좋아하는 명상에서의 한 문장이나, 당신이 좋아하는 심사숙고(reflection)로부터의 물음(check-in question), "나는 이미 전체이고 이미 치료되었다." 또는 "내가 알아야 하는 무엇인가가 있는가?

본래로 돌아오는 수련 선택하기

정말로 단 하나만의 수련을 정하는 것이 그렇게 중요한가? 그렇다. 당신의 지속적인 의도와 에너지가 본래로 돌아오는 수련을 치유하도록 만드는 부분의 하나이다. 이것은 의지와 지속이 필요하다. 당신이 이 수련에 따라 "더 마음으로 돌아올수록", 그것은 더 편안함을 불러오는 원천이 될 것이다. 시간이 지남에 따라, 몸과 마음은 이 수련을 통해 이완, 고통의 완화, 마음의 평화와 관련되어 있음을 알게 될 것이다. 이 수련의 이익은 더욱 강해지고, 더 즉각적이 될 것이다.

단 하나의 수련을 정하는 것은 당신이 그것을 기억하고 사용할 수 있도록 해 줄 확률이 훨씬 높을 것이다. 만약 당신이 한두 번만 시도해 본 여러 가지의 다른 선택권을 갖는다면, 당신은 정작 필요할 때 그것으로부터 어떤 이점도 얻을 수 없을 것이다. 하지만 만약 당신이 당신의 마음을 고요하게 하고, 에너지를 다시 채워 주며, 그리고 당신의 진정한 본성을 상기시켜 줄 한 가지를 안다면, 당신은 그것을 쓸 확신을 가질 것이다.

뒤따르는 질문은 당신이 스스로 본래로 돌아오는 수련을 발견하는데 도움이 될 것이다.

- 어떤 요가 수련이 당신에게 가장 즉각적인 행복의 느낌이나 마음의 평화를 주는가?

- 당신이 이 책에서 배운 단 한가지의 수련을 삶의 휴식을 위해 할 수 있다면, 그것은 무엇이 될 것인가?

- 하루에 언제 가장 큰 스트레스와 고통을 느끼는가? 당신이 이때 무엇을 하고 있을지, 어디에 있을지를 생각해봐라. 이러한 때에 어떤 요가수련이 적절하게 할 수 있는가?

- 당신의 몸과 마음 그리고 호흡 또는 당신 내면의 지혜와 즐거움에 다시 연결하고자 할 때, 대체로 편안하게 느끼는가? 이것들에게 다시 연결하게 해주는 가장 간단한 수련은 무엇인가?

- 이 책 각 장의 실습으로 되돌아가는데, 3장의 호흡 수련부터 시작하라. 지시를 훑어보고 당신

이 시도해본 것이나 시도하려고 관심을 가진 모든 것에 대해 상기해본다. 각각의 장에서 무엇이 가장 두드러지는가? 무엇에 가장 관심이 가는가? 각각의 장에서, 당신의 주의를 본능적으로 끄는 것부터 시작해라. 이 수련의 가장 간단한 버전이 무엇인가?

- 몇 분간의 이완과 호흡 자각, 또는 명상에 주의를 집중해라. 그리고 "무엇이 본래로 돌아오는 수련일까?" 스스로에게 물어. 당신 내면의 지혜를 믿어라.

당신에게 몇 가지 아이디어가 떠오른다면, 한 주간 각각 하루씩 다른 본래로 돌아오는 수련을 해보아라. 그것이 당신의 삶에서 어떻게 잘 작용하는지를 스스로에게 물어. 당신은 그것을 사용하는 것을 기억했는가? 그렇다면 그것이 당신에게 어떤 기분이 들게 했는가? 하루를 마치며, 당신은 어떻게 느꼈는가?

당신이 일단 본래로 돌아오는 수련을 선택했다면, 적어도 그것을 하루에 한 번 하려고 해라. 이것은 당신과 수련의 연결을 강하게 해주고, 더욱 강력한 개인적인 수행이 되게 해준다. 당신은 그것을 아침에 일어나서 하는 첫 번째 의식으로 할 수도 있고 아니면 잠자기 전의 일상으로 할 수도 있다.

당신에게 상기시켜 줄 외부의 신호를 선택할 수 있다(시계를 매 시간마다 울리게 하거나, 이메일을 체크할 때, 또는 매 식사 전에). 당신이 무엇인가를 하려고 결정했든, 본래로 돌아오는 수련을 정규적인 당신 삶의 부분으로 만들어라.

요가 의식

의식에는 무언가 본질적으로 치유해주는 것이 있다. 당신이 요가를 매일의 의식으로 행할 때, 그것은 목적의식과 안정감, 그리고 삶의 의미를 제공한다. 요가 의식은 하루의 의지를 다 잡는 방법으로 아침에 행해질 수 있고 또는 그날 받은 스트레스를 풀고, 원기를 회복시키는 잠을 자는 준비로써 저녁에 행해질 수 있다.

요가 의식은 본래로 돌아오는 수련의 즉각적인 요가보다 더 형식적이다. 하지만 그렇더라도 충분히 간단하고 짧아야 한다(말하자면, 15분이나 그보다 적게). 당신이 적당하게 얼버무리지 않을 만큼. 가장 중요하게, 요가 의식은 당신이 요가를 수련하는 개인적인 이유를 상기시켜주어야 한다. 당신에게 적합한 요가 의식은 날마다 당신의 몸과 마음을 치유하고 삶을 기쁨과 용기를 가지고 살 수 있도록 해줄 것이다.

이 책 전체에서, 당신은 요가를 일상의 고통과 스트레스를 다루기 위해 수련한 많은 사람들의 이야기를 읽었다. 이 중의 많은 이야기가 요가 의식을 다음과 같이 특징지었다.

제이슨의 이야기(4장): 그의 삶에 더 균형을 잡기 위해서, 제이슨은 앉아하는 아침 명상을 매일의 의식으로 삼았다.

그레그의 이야기(5장): 근육경직을 완화하고, 무릎과 등의 통증을 다루기 위해서, 그는 15분 운동수련을 매일 퇴근 후에 하도록 개발했다.

메간의 이야기(6장): 불안극복을 위해서, 메간은 의식적인 이완을 정규적인 삶의 일부분으로 삼았다. 특히 그녀가 고통에 있을 때.

루이사의 이야기(4장): 몸과 친해지는 수련을 하기 위해서, 루이사는 매일 자비명상을 수행했고, 그녀의 침대 옆에 몸에 대한 감사 목록을 두었다. 그녀는 매일 자기 전에 한 가지를 감사 목록에 더하는 것을 그녀의 의식으로 삼았다.

앤의 이야기(3장): 불면증을 이기기 위해, 앤은 자연스런 호흡으로 의자 스트레칭을 자기 전에 하고, 침대에서 매일 밤 수면에 빠지는 것을 돕도록 호흡 이미지 그려보기를 했다.

당신의 아침 요가 의식 만들기

다음의 생각들은 당신이 매일 아침마다 할 수 있는 스스로의 요가 의식을 만드는데 도움을 줄 것이다.

당신의 호흡과 몸을 연결하는 것은 당신이 하루를 직면하기 위한 더 많은 에너지와 열정을 줄 것이다. 당신이 좋아하는 호흡 수련을 선택하고, 그것을 당신이 좋아하는 두 개의 연결자세(5장)들 중에서 골라 함께 하라.

집중명상(마음과 친구 되기)은 아침에 처음으로 하기에 완벽한 명상수련이다. 당신이 계발한 명확함과 집중은 하루를 살아가는데 영향을 미쳐 건강과 행복을 지원하는 당신의 자각적인 선택을 도울 것이다.

찟따 브하바나(Citta bhavana)명상은 하루를 위한 당신의 의지를 세우는 훌륭한 방법이다. 당신이 처음으로 무엇인가에 집중하려고 선택하는 것은 하루 종일 당신이 어떻게 경험하는지에 영향을 끼칠 수 있다. 이러한 명상 중 어느 것에 가장 관심이 가는가? 이 명상들 중 하나를 선택하고, 그 중 하나를 침대에서 혹은 침대 밖에서 아침 의식으로 행하라.

당신이 매일 아침 먼저 하는 것을 정해라. 샤워, 커피 만들기, 요리하기. 그리고 거기에 당신이 좋아하는 만트라 명상을 추가해라.

다음의 생각들은 당신이 스스로의 요가 의식을 만드는데 영감을 줄 수 있을 것이다.

이완은 그날의 스트레스를 풀고 당신이 푹 잘 수 있도록 준비해 준다. 하나나 그 이상의 당신이 좋아하는 회복요가 자세를 취하고 당신에게 평화를 가져오는 어떤 명상이나 호흡 수련을 더 해라.

저녁은 당신의 몸과 친구 되기에 훌륭한 시간이다. 4장의 숙고함(reflection)이나 명상들 중 어느 것에 가장 관심이 가는가? 이 중 하나의 숙고(reflection)에 대해 일기를 쓰는 의식을 갖거나, 명상들 중 하나를 매일 밤 행해라.

침대에서도 많은 요가수련이 행해질 수 있다. 그것들 중 많은 것은 잠자는 것을 더 쉽게 해준다. 잠을 준비하는 가장 좋은 수련중의 몇몇은 호흡을 안정시키기, 몸으로 호흡을 느끼기, 의식적으로 이완하기, 만트라 명상, 찟따브하바나명상, 그리고 쁘라띠빠끄샤 명상중의 몸의 반대 짝 찾기이다.

당신이 스스로의 요가 의식을 찾게 해 줄 몇 가지 다른 질문들이 아래에 있다.

• 당신은 왜 요가수련을 시작하고자 선택했는가? 당신의 수련 목적은 무엇인가? 이 책에서 당신이 배운 모든 수련 중, 어떤 것이 가장 수련 목적을 잘 반영해 도와주는가?

• 당신이 각 장에서 배운 수련 중 어떤 것이 당신에게 가장 큰 희망을 느끼게 해주는가? 어떤 것이 당신에게 가장 강한 에너지를 느끼게 해주는가? 이런 수련 중 어느 것이라도 아침의 의식으로써 한 가지 또는 함께 해 보라.

• 이 책의 어떤 수련이 당신에게 가장 큰 이완과 평화를 느끼게 해주는가? 어떤 것이 고통과 스트레스로부터 가장 완화시켜주는가? 이 수련을 저녁의 의식으로 삼아라.

• 어떤 수련이 당신 내면의 지혜 즉, 당신의 마음을 이끌어줄 능력, 몸에 귀 기울이고 평화를 경험하게 해 줄 선택에 가장 다가서게 해 주는가? 이 수련을 아침이나 저녁 의식으로 행하라.

• 어떤 수련이 당신이 가장 자연스러운 기쁨, 즉 감사하는 느낌, 삶에 당당히 맞설 의지, 그리고 무언가 더 큰 힘에 연결돼 있다고 느끼게 해주는 것과 연결되어 있다고 느끼게 해주는가? 이 수련을 아침이나 저녁의식으로 해라.

• 몇 분간 이완과 호흡자각 또는 명상으로 당신에게 집중하라. 그리고 당신에게 물어보라. "무엇이 내 요가 의식이지?" 당신의 내면의 지혜를 믿어라.

당신은 아침과 저녁의식을 기록하는 것이 더 도움이 되는 것을 발견할 수도 있다. 만약 괜찮다면, 당신은 다음 빈칸을 당신의 개인적인 의식을 기록하는데 쓸 수 있다.

아침 요가수련

매일의 아침 요가수련은 당신에게 목적의식, 안정감 그리고 삶의 의미를 제공할 수 있다. 아래의 공간은 당신의 수련을 계획하고, 수련이 어떻게 당신의 몸과 마음, 영성에 영향을 주었는지에 대한 생각을 기록하는데 사용해라.

_____

_____

_____

_____

_____

_____

_____

_____

_____

_____

_____

_____

_____

_____

_____

_____

_____

요가수련이 오랫동안 지속되었을 때에만 즐거움과 열정으로, 그 모든 이점을 알게 될 것이다.

−파탄잘리의 요가수뜨라, 기원전 2세기−

저녁 요가수련

저녁 요가수련은 스스로 돌보고 치유하는 활동으로 하루를 마무리하는 훌륭한 방법이다. 아래의 공간은 당신의 수련을 계획하고, 수련이 어떻게 당신의 몸과 마음, 영성에 영향을 주었는지에 대한 생각을 기록하는데 사용해라.

_____

_____

_____

_____

_____

_____

_____

_____

_____

_____

_____

_____

_____

_____

_____

_____

_____

완벽한 지혜를 얻는 것과 고통에서 자유로워지는 것은 점진적인 절차에 의한다.

-파딴잘리의 요가수뜨라, 기원전 2세기-

예방적인 수련

예방적인 수련은 당신의 몸과 마음 그리고 영성에 연결을 깊게 해주는 더 길게 잘 균형잡힌 요가 수련이다. 그것은 호흡과 동작, 이완, 그리고 명상이 균형있게 포함되어 있다. 잘 균형 잡힌 보다 긴 요가수련은 원기를 회복시키고 치유 능력을 길러준다. 미래의 고통과 통증으로부터 예방시켜 준다. 그것은 힘을 길러주고 움직임의 폭을 넓혀줄 것이다. 몸에 대한 자각력을 높이고, 호흡을 자연스럽게 하고, 기분을 고양시키며 또한 육체적이고 감정적인 안녕과 건강에 장기적인 향상을 불러온다. 매일 길게 수련할 수는 없겠지만 규칙적으로 수련하도록 목표를 세워야 한다. 최소 일주일에 두 번 이상이 권장된다.

예방적인 수련 예시

다음에 나오는 5가지 중에서 하나를 선택하거나, 이 부분의 끝에 있는 워크지를 사용해서 자신의 것을 만들어도 된다.

호흡에너지 수련 (30~50분)

호흡: 호흡을 자유롭게 하는 일련의 스트레칭에서 호흡 알아차리기를 실천하기(10~15분)

동작(10~15분):

다리자세(The Drawbridge): 5번을 한 흐름으로 해라. 다섯 번의 호흡 동안 다리 들기를 하고, 무릎 가슴대기 자세를 다섯 번의 호흡동안 해라. 내면의 호흡 만트라(소함 So hum)를 무릎 가슴대기 자세에서 반복적으로 해라.

코브라서기: 10번을 한 흐름으로 해라. 코브라 자세를 다섯 번의 호흡동안 하고 쉬는 코브라 자세를 다섯 호흡동안 해라. 내면의 호흡 만트라(소함 So hum)를 반복하면서 쉬는 코브라 자세에서 해라.

감사의 경배자세: 5번을 한 흐름으로 해라. 그 다음에 아래를 보는 개 자세를 다섯 번의 호흡동안 하고, 아기자세를 다섯 호흡동안 해라.   내면의 호흡 만트라(소함 So hum)를 반복하면서 아기자세에서 해라.

이완: 지지되는 등 굽히기 자세(2~5분), 앞으로 구부려 지지받는 자세(2~5분).

호흡 명상: 이완자세에서 호흡 알아차리기(5~10분)

평화를 기원하는 수련(30~40분)

호흡/명상: 앉은 편안한 자세나 이완자세에서 호흡을 자각하라. 끝낼 때는 평화의 만트라 "옴 산티 옴(Om shanti om, 5분)"를 속으로 반복한다.

동작(15분~20분): 이 연속동작은 일련의 흐름을 수련한 후에 각각의 흐름마다 쉬는 자세를 취하면서 증진되는 안정시키는 효과가 있다.

태양 호흡 자세: 5번을 한 흐름으로 해라. 산 자세를 다섯 호흡 동안 하고. 마지막으로 내쉬면서 "옴 산티 옴 om shanti om"을 안이나 밖으로 크게 말해라.

힘과 복종 자세: 5번을 한 흐름으로 해라. 그리고 다섯 호흡 동안 앞쪽으로 구부린 자세를 해라. 마지막으로 내쉬면서 "옴 산티 옴 om shanti om"을 안이나 밖으로 크게 말해라.

감사의 경배자세: 5번을 한 흐름으로 해라. 그 다음엔 아기자세를 다섯 호흡 동안 하고. 마지막으로 내쉬면서 "옴 산티 옴 om shanti om"을 안이나 밖으로 크게 말해라.

다리자세: 5번을 한 흐름으로 해라. 그 다음엔 무릎 가슴대기 자세를 다섯 호흡 동안 하고. 마지막으로 내쉬면서 "옴 산티 옴 om shanti om"을 안이나 밖으로 크게 말해라.

비트는 이완자세: 좌우로 각각 10번의 호흡동안. 마지막으로 내쉬면서 "옴 산티 옴 om shanti om"을 안이나 밖으로 크게 말해라.

이완: 지지되는 역위자세로 쉬어라(5분)

명상: 사마타(Shamatha,마음과 친구되기)를 어떤 편안한 앉은 자세에서든 해라(5~10분)

용기와 연결감의 수련(30~40분)

호흡: 스트레칭할 때 호흡은 자연스럽게 두어라. 척추를 구부렸다 펴고, 가슴을 확장하고, 옆으로 몸을 늘릴 때 호흡을 알아차려라(5분).

명상: 당신이 관심을 갖는 사람이나 누군가 지지와 격려가 필요한 사람을 위해 행해라(1~2분)

동작(한 자세를 유지하기;15분):

　산자세, 5호흡

　태양자세, 10호흡

오른쪽: 평화로운 전사자세, 5분; 용기있는 전사자세, 10호흡

왼쪽: 평화로운 전사자세, 5분; 용기있는 전사자세, 10호흡

산자세, 5호흡

공격적인 자세, 10호흡

앞으로 숙이기, 5호흡

스트레스와 만성통증을 완화시키는 *알아차림 요가*

쉬는 코브라 자세, 5호흡

코브라 서기 자세, 10호흡

아기자세, 10호흡

이완/명상 (10~15분)

연결감과 용기를 느끼도록 찟따 브하바나(citta bhavana) 명상을 지지되는 나비자세에서 하기(5분)

이완자세에서 쉬기(5~10분)

몸과 마음과 친구되기(40~45분)

호흡: 즐거운 호흡, 몸과 마음, 영성을 위한 자비명상(5~10분)이 뒤따르게 한다.

동작/이완: 완전한 회복력을 가진 요가 연속동작, 각각의 자세마다 5분(30분)

지지되는 역위

둥지자세 오른쪽

지지되는 나비자세

둥지자세 오른쪽

지지되는 등 굽이 자세

지지되는 앞으로 구부리기

명상: 사마타(Shamatha, 마음과 친구되기) 명상을 앉은 편안한 자세로 하면서 "나는 뭘 필요로 하는 가?" 자신의 몸의 소리를 들어본다(5분).

균형 찾기(50~60분)

호흡: 균형잡힌 호흡, 1번부분(교대로 하는 콧구멍 호흡)(5분)

명상: 편안하게 앉은 자세로 사마타(Shamatha, 마음과 친구되기) 명상
(5~10분)

동작: 5장에서 보여진 완전한 움직임의 연속동작(30분)

    태양호흡자세(연속으로 5번, 그리고 각각의 자세를 5호흡동안 유지)

요가전사자세(5번씩 연속으로, 양쪽 모두 각각의 자세에서 5호흡 동안 유지)

힘과 항복자세(5번씩 연속으로, 각각의 자세마다 5호흡 동안 유지)

감사 경배자세(5번씩 연속으로, 그리고 각 자세마다 5호흡 동안 유지)

코브라서기(5번씩 연속으로, 그리고 각각의 자세마다 5호흡 동안 유지)

다리자세(5번씩 연속으로, 각 자세마다 5호흡 동안 유지)

달콤한 잠자세(양쪽으로 각 자세마다 5호흡 동안 유지)

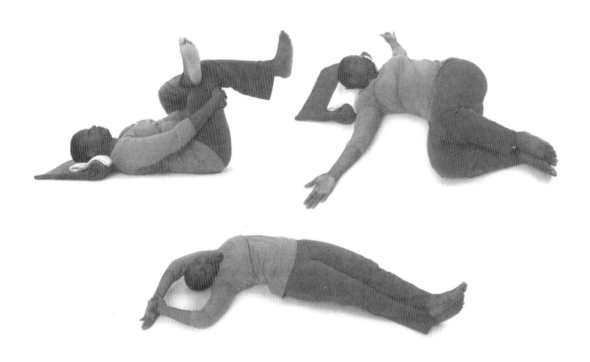

명상/이완(10분):

이완자세에서 쁘라띠빠끄샤 브하바나(pratipksha bhavana)명상

균형잡인 호흡, 두 번째 부분(시각화)를 이완자세에서 하기

예방하는 수련

다음의 공간을 예방하는 수련을 계획하는데 사용하라. 수련을 변화시키거나 자신의 다른 욕구나 느낌의 요구를 충족시킬 많은 수련을 만드는 데에 이 워크지를 복사해서 써보는 걸 원할 수 있다.

주제/이름: 이 수련의 목적은 무엇인가?

_____

_____

시작하는 호흡/명상수련:

_____

_____

연속동작:

_____

_____

명상, 이완, 호흡 수련으로 끝내기

_____

_____

이 수련에 대해 기록하기: 이 수련과정에서 당신은 어떻게 느꼈나? 수련을 통해 얻은 중요한 생각이나 통찰은 무엇인가? 수련하는 과정마다 앞으로의 수련을 위해 관찰한 것, 떠오르는 생각을 기록하는 짧은 시간을 가져라.

_____

_____

_____

_____

_____

치료적인 수련

당신이 감정에 압도당했거나, 기진맥진해지고, 아니면 평소보다 심한 통증을 느꼈을 때 당신이 무언가 주의를 돌릴 것이 있다는 것을 아는 것은 중요하다. 치료적인 수련은 당신을 돌보고, 양육하고 스트레스와 고통을 완화시켜준다. 당신이 "해야만 한다."고 느끼는 요가가 아니고 당신이 고통을 겪을 때 본능적으로 당신의 몸과 마음이 이끌리는 요가이다.

치료적인 수련은 당신이 원하는 만큼 짧거나 길게 할 수 있다. 더 긴 예방적인 수련과는 다르게 그것들은 호흡과 동작, 이완, 그리고 명상수련을 고루 갖출 필요가 없다. 치료적인 수련은 단지 당신을 도와줄 목적으로 필요하다.

자신만의 치료적인 수련을 계획할 때, 당신이 고통스러운 순간에 무엇을 느끼게 될지를 염두에 두어라. 수련은 당신의 관심을 매우 끌고 억지로 강압적인 것이 아니어서 당신이 감정에 휩쓸리거나, 기진맥진 할 때, 때로는 고통에 있을 때에도 기꺼이 수련할 것으로 기대되는 것이어야 한다. 고통과 스트레스 반응을 방해할만한 호흡, 이완 또는 명상수련으로 시작하도록 선택해라. 그리고 당신이 원하는 만큼 머물러 있어라. 당신이 준비됐다고 느낄 때 다음 수련으로 넘어가라.

치료적인 수련의 예

당신은 다음의 5가지 치료적인 수련 중에서 하나를 할 수도 있고, 아니면 이 장 끝의 워크지를 이용하여 자신의 것을 하나 만들 수 있다.

지지하는 것 받기

각각의 자세를 원하는 만큼 취해라:

지지되는 역위자세에서 호흡자각하기

지지되는 앞으로 굽히기

감사하는 마음으로 지지되는 나비자세

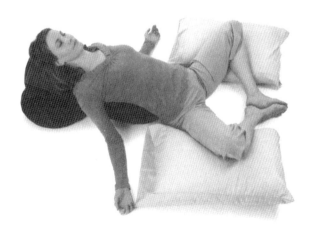

달콤한 잠

이완자세로 쉬면서 호흡 알아차리기(원하는 만큼 길게).

달콤한 잠 연속 동작: 요람자세(10호흡씩 양쪽으로):비틀며 쉬기 자세(10호흡씩 양쪽으로);반
달자세(10호흡씩 양쪽으로)

둥지자세(양쪽으로 각각, 하
고 싶은 만큼 충분히 길게)

호흡과 함께 치유하기

자연스런 호흡에서 일련의 스트레칭 전체를 호흡을 자각하면서(3장 참고).

환희의 호흡(10호흡)

이완자세에서, 몸으로 숨쉬기를 몸 감사명상과 결합하기

이완자세에서 쉬기(원하는 만큼)

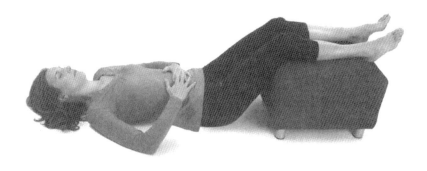

고통으로부터 자유롭기

이완자세에서 쉬면서 호흡 알아차리기(하고 싶은 만큼)

이완자세에서 완화시키는 호흡(호흡수 세기 또는 내면의 만트라명상: 들이쉬면서 "옴 Om"내쉬면서 "옴 마니 파드메 훔 Om mani padme hum")

부드러운 동작: 무릎 가슴대기 자세(10호흡 동안 유지하고, 5호흡 동안 쉬어라)

요람자세(양쪽으로 10호흡 동안 유지, 옮기는 중간에 5호흡 동안 쉬어라)

앉아서 옆으로 스트레칭하기(양쪽으로 10호흡 동안)

앉아서 앞으로 숙이기나 아기자세(10호흡 동안).

스트레스와 만성통증을 완화시키는 *알아차림 요가*

지지되는 역위 자세에서 자비명상 "내가 이 통증으로부터 자유롭기를", "내가 고통으로부터 자유로워지기를"

통증과 친구되기

이완자세에서 쉬면서 호흡 알아차리기(하고 싶은 만큼)

이완자세에서 쁘라띠빠끄샤 브하바나(pratipksha bhavana) 치료적인 명상하기

몸의 소리 듣기("무엇을 필요로 하는가?" 그리고 "거기에 알아야 할 무언가가 있는가?")

당신의 치료적인 수련

다음의 공간을 치료적인 수련을 계획하는데 사용하라. 수련을 변화시키거나 자신의 다른 욕구나 느낌의 요구를 충족시킬 많은 수련을 만드는 데에 이 워크지를 복사해서 써보는 걸 원할 수 있다.

시작하기: 통증이 있을 때 그리고 스트레스 상황에서 혹은 활력이 없을 때에도 어떤 부드러운 수련에 관심이 가고 끌리는가?

_____

_____

_____

지지하는 치료를 위한 호흡, 동작, 이완, 명상하기: 어떤 수련이 당신이 가장 지지되고 편안하고, 용기가 생기고, 영감을 불어넣어주는가?

_____

_____

_____

이 수련에 대해 기록하기: 이 수련과정에서 당신은 어떻게 느꼈나? 수련을 통해 얻은 중요한 생각이나 통찰은 무엇인가? 수련하는 과정마다 앞으로의 수련을 위해 관찰한 것, 떠오르는 생각을 기록하는 짧은 시간을 가져라.

_____

_____

_____

_____

_____

_____

_____